经济学学术前沿书系
ACADEMIC FRONTIER
ECONOMICS BOOK SERIES

基于
"对象-目的-方法"
三维框架的
创新发展政策评估研究

韩燕妮◎著

经济日报出版社

图书在版编目(CIP)数据

基于"对象－目的－方法"三维框架的创新发展政策评估研究 / 韩燕妮著 . —北京：经济日报出版社，2023.11

ISBN 978-7-5196-1355-6

Ⅰ.①基… Ⅱ.①韩… Ⅲ.①技术革新—科技政策—研究—中国 Ⅳ.① F124.3

中国国家版本馆 CIP 数据核字（2023）第 208700 号

基于"对象－目的－方法"三维框架的创新发展政策评估研究
JIYU "DUIXIANG–MUDI–FANGFA" SANWEI KUANGJIA DE CHUANGXIN FAZHAN ZHENGCE PINGGU YANJIU

韩燕妮 著

出　　　版：	经济日报出版社
地　　　址：	北京市西城区白纸坊东街 2 号院 6 号楼 710（邮编 100054）
经　　　销：	全国新华书店
印　　　刷：	北京虎彩文化传播有限公司
开　　　本：	710 mm × 1000 mm　1/16
印　　　张：	11.5
字　　　数：	143 千字
版　　　次：	2023 年 11 月第 1 版
印　　　次：	2023 年 11 月第 1 次印刷
定　　　价：	49.00 元

本社网址：edpbook.com.cn　　　　微信公众号：经济日报出版社
未经许可，不得以任何方式复制或抄袭本书的部分或全部内容，**版权所有，侵权必究。**
本社法律顾问：北京天驰君泰律师事务所，张杰律师　　举报信箱：zhangjie@tiantailaw.com
举报电话：010-63567684

本书如有印装质量问题，请与本社总编室联系，联系电话：010-63567684

前 言

当前，全球科技革命、产业变革正在加速推进，科学发展和技术创新已成为世界各国经济社会发展的主旋律，颠覆性技术的不断涌现正在改变着世界竞争格局和国家力量对比。党的十八大提出实施创新驱动发展战略，强调科技创新是提高社会生产力和综合国力的战略性支撑，必须摆在国家发展全局的核心位置。为顺利实现创新驱动发展战略目标，需要创新发展政策作为其重要保障，而政策评估作为政策过程中重要的一环，是科学决策的重要步骤，是提升政策质量和水平的重要手段，也是推进国家现代化治理的重要制度安排。完善我国创新发展政策评估制度基础，优化创新发展政策质量，是推动实现创新驱动发展的重要保障。

习近平总书记多次强调科学决策的必要性和重要性。2015年1月，中共中央办公厅、国务院办公厅印发《关于加强中国特色新型智库建设的意见》，明确提出要"建立健全政策评估制度"。党的十九届五中全会通过的《关于制定国民经济和社会发展第十四个五年规划和二〇三五年远景目标的建议》进一步提出，要"健全重大政策事前评估和事后评价制度"。当前我国正面临百年未有之大变局，亟须更好发挥创新发展政策评估的积极作用，进一步提高政策科学性和严谨性，更加科学有效配置资源以实现创新效能最大化。

一、政策评估本身包含对政策的价值判断

政策评估在20世纪七八十年代迎来了价值判断发展的时期，以查尔斯·琼斯为代表的学者认为政策评估具有价值判断特性，1989年古贝和林肯在其《第四代评估》中指出，前实证主义研究存在重大缺陷，即忽略价值的多元性，强调了利益相关者的不同价值取向及其所处情景在政策评估中的作用。弗兰克·费希尔在其《公共政策评估》中提出，政策评估是实证分析和规范分析的有机结合，也是事实与价值的统一。而创新政策评估在我国仍面临价值判断问题，如要推崇自由市场还是产业政策？什么阶段、什么领域应健全自由市场，什么阶段、什么领域应发展产业政策？且在当前国际形势剧烈变化的情况下，在自由市场被逐渐摒弃，主要国家重拾产业政策以促使产业回流，供应链本土化时，我们又该如何选择？因此，对当前创新政策评估要结合国际国内政治经济形势变化，要结合不同文化体系背景下的政策主体的行为特点，要结合处于不同情景下的多方利益相关者对政策的价值判断。

二、政策评估在实际操作中也是一套方法体系

由于政策有多层次、多参与者和协商性等特点，因此政策评估也通常是复杂的、多层次的。根据评估在政策过程中的阶段，政策评估可以分为事前、事中、事后评估；根据评估组织形式，政策评估可以分为正式评估和非正式评估；根据评估主体，政策评估可以分为内部评估和外部评估；根据被评估政策的复杂程度，政策评估又可以分为单一政策评估、政策组合评估和政策体系评估。此外，根据评估需求，不同评估的目的不同、评估对象不同导致评估方法选择也不同。因此，需要构建较为统一的创新政策评估方法体系，能够在基于政策评估理论的基础上，根据评估实际需

求,从多个维度出发建立一套能够指导创新发展政策评估的方法论体系,以在多种创新发展政策情景下,有效实现创新发展政策的科学化发展。

通过文献研究,本书分别对国内外公共政策评估和创新发展政策评估的研究成果进行梳理。首先,政策评估在创新发展政策范畴内的研究还不够充分,对创新发展政策评估的指导不足。其次,创新发展政策评估研究较少,理论和方法还需要进一步深化,仍缺乏具有实践指导意义的评估框架。因此,本书在理论与实践研究的基础上,试图构建一个创新发展政策评估框架,为创新发展政策评估理论与实践的研究做初步探索,即①依据政策所包含政策工具的复杂程度,将评估对象进行分类;②以政策评估的三个重要因素:评估对象、评估目的和评估方法为基础,构建创新发展政策评估的三维框架;③对框架的特点和应用进行分析,将框架用于实际案例分析,在案例分析过程中将框架再具体完善。

三、政策评估方法框架要在评估实践中进一步完善

本书运用政策评估三维框架,分别对研发费用加计扣除单一政策、全面创新改革试验下的安徽省成果转化政策组合和2009年国家创新政策体系三个创新发展政策案例进行评估研究。在评估研究过程中发现,政策评估三维框架较为适合三个案例的评估,满足对创新发展政策的基本评估需求。并且在开展评估的同时,评估框架进一步结合了不同政策类型在评估实践中的特点,在具体实践应用后得到改进和完善,进而扩大了创新发展政策评估的适用范围。同时,依照不同的评估目的和评估方法,得到了相应的评估结论。本书基于理论分析和实践研究在创新发展政策领域构建了政策评估的一般性框架,并以此为基础分别对三个案例进行分析研究,进一步完善了评估框架在实践中的应用。但框架仍然需要在不同的创新发展

政策评估情景下继续发展完善。

研究未来仍然会继续完善评估框架方法体系，深化对创新发展的认识，在创新发展政策评估工作的方向上持续努力。本书主体完成于2018年12月，其中案例及相关数据均为作者研究期间收集整理，其余内容均做了进一步更新与补充。

目 录

第一章 绪 论 ………………………………………… 1

    第一节 选题背景与意义 ………………………………… 3

    第二节 政策评估综述 …………………………………… 7

    第三节 研究问题与意义 ………………………………… 24

    第四节 文章结构 ………………………………………… 25

第二章 创新发展政策评估的理论与方法 ……………… 27

    第一节 创新发展政策的内涵 …………………………… 29

    第二节 政策评估的理论基础 …………………………… 30

    第三节 公共政策评估的方法研究 ……………………… 39

    第四节 理论与方法述评 ………………………………… 52

第三章 创新发展政策评估的三维框架 ………………… 55

    第一节 创新发展政策评估的三个要素 ………………… 57

    第二节 创新政策评估的三维框架 ……………………… 65

    第三节 本章小结 ………………………………………… 72

第四章 单一政策评估：研发费用加计扣除政策 ……… 73

    第一节 加计扣除政策概况 ……………………………… 75

    第二节 研发费用加计扣除政策的研究综述 …………… 78

    第三节 加计扣除政策的效果评估 ……………………… 83

    第四节 加计扣除政策三维评估框架 …………………… 93

    第五节 本章小结 ………………………………………… 94

第五章　政策组合评估：全面创新改革试验的成果转化政策 …… 95

第一节　全面创新改革试验成果转化政策概况 …………… 98

第二节　全面创新改革试验成果转化政策评估目的和方法 …… 98

第三节　全面创新改革试验成果转化政策评估内容 ………… 102

第四节　全面创新改革试验成果转化政策三维评估框架 …… 116

第五节　本章小结 …………………………………………… 117

第六章　政策体系评估：OECD 国家创新政策体系评估 ……… 119

第一节　国家创新政策体系内涵 …………………………… 121

第二节　OECD 中国国家创新政策体系评估目的和方法 …… 122

第三节　OECD 中国国家创新政策体系评估内容 …………… 125

第四节　OECD 中国国家创新政策体系三维评估框架 ……… 137

第五节　本章小结 …………………………………………… 138

第七章　研究结论与研究展望 ……………………………………… 141

第一节　主要研究结论 ……………………………………… 143

第二节　主要创新点 ………………………………………… 148

第三节　研究不足与展望 …………………………………… 149

参考文献 ……………………………………………………………… 151

附录一　访谈提纲 …………………………………………………… 160

附录二　安徽省出台成果转化政策（2016—2017 年） ……………… 164

后　记 ………………………………………………………………… 174

第一章

绪 论

第一章 绪 论

第一节 选题背景与意义

一、创新发展的重要性

自18世纪英国工业革命以来,世界经济社会发展水平有了质的飞跃,人类的生活方式、社会结构和意识形态都发生了重大变化。此后的第二次、第三次工业革命,进一步推动世界经济的蓬勃发展,将一个又一个新兴科技大国推上历史的舞台。推动这些进步的,是一个个的新发明、新技术、新的生产资料和新的组织形式,熊彼特在1912年将这些推动社会经济进步的因素归纳为"创新"。当今,新古典经济学派在解释经济增长时,仅仅劳动力和资本两个因素已经乏力,索罗余量则解释了发达国家大部分的经济增长是由除劳动和资本以外的技术进步推动的。创新早已成为促进国家经济发展、提升人民生活水平的重要力量,也是决定当今时代国家竞争力的重要因素。

创新是动态变化的,它的出现不断打破原有经济体系平衡,为谋求社会总福利增长开拓新边界。经济发展是世界各国竞相追逐的目标,创新发展是我国继要素驱动发展、投资驱动发展后的新经济发展模式。创新发展以创新作为驱动力量服务经济、社会的发展,涉及科学技术创新、商业模式创新、制度创新、管理创新和社会创新以及人才培养机制创新(冯之浚 等,2015)。创新发展区别于创新,更加强调了创新的价值导向。创新发展不仅仅着力于经济的增长,同时也包含科学价值、技术价值、经济价值、社会价值和文化价值的创造（中国科学院创新发展研究中心，2009）。创新发展政策包括科技政策、人才政策、金融政策、财税政策等，在围绕创新驱动发展过程中，创新发展政策在经济社会制度建设、创新环境建设以及激发创新系统中各个创新主体的活力上发挥了重大作用。

如今，创新发展已经成为各国争相追逐的焦点，科技进步越来越成为替代劳动、投资等要素成为国家发展的引擎。发达国家正将创新上升为国家战略，将加大基础研究探索、推动技术进步、促进创新发展作为工作重点，重点布局前沿科学和技术研究，加大对创新驱动的投资力度，保持科技创新的领先地位。发展中国家也在积极通过创新驱动发展实现对发达国家的技术垄断的突破，加速形成驱动国家发展的自主创新能力，为本国发展注入持续驱动力。创新驱动经济发展已经成为促进世界各国新一轮发展的引擎。

二、中国创新发展政策评估的必要性

1953年，中国启动了第一个五年计划，计划在1953—1957年建立社会主义工业化的初步基础，对重工业和轻工业进行技术改造，并提出"大工业"是建立社会主义社会的物质基础（李富春，1955）。1978年，全国科学大会的召开迎来了科学的春天，会议通过了《1978—1985年全国科学技术发展规划纲要》。1988年，中国科学技术促进发展研究中心发起召开了国内首次技术创新研讨会。1995年，《中共中央 国务院关于加速科学技术进步的决定》明确提出开展技术创新工作，我国技术创新开始从研究进入实践（吴建南和李怀祖，1998）。1999年，在北京召开的全国技术创新大会要求全面实施科教兴国战略，大力推进科技进步，加强科技创新。2015年，《中共中央 国务院关于深化体制机制改革加快实施创新驱动发展战略的若干意见》出台，我国创新发展始于"大工业"，并逐渐发展演变为促进科学技术的发展。从科技创新到创新驱动发展，标志着创新已经成为我国现阶段的重要发展力量。

经过CNKI检索统计，1999年到2017年，中央和地方政府共出台10873项与"创新"有关的政府文件。自2006年以后，我国每年均有200条以上的创新政策或相关文件出台，且呈现逐年增加的趋势，并且在2016年达到了2315项，如图1-1所示。创新正在成为经济社会发展的重点，创新政策也成为各级政府为贯彻落实创新发展的重要手段。随着创新政策数量的增加，对创新政策的质量和科学性保障有了更高的要求，创新政策评估的重要性也大幅提升。

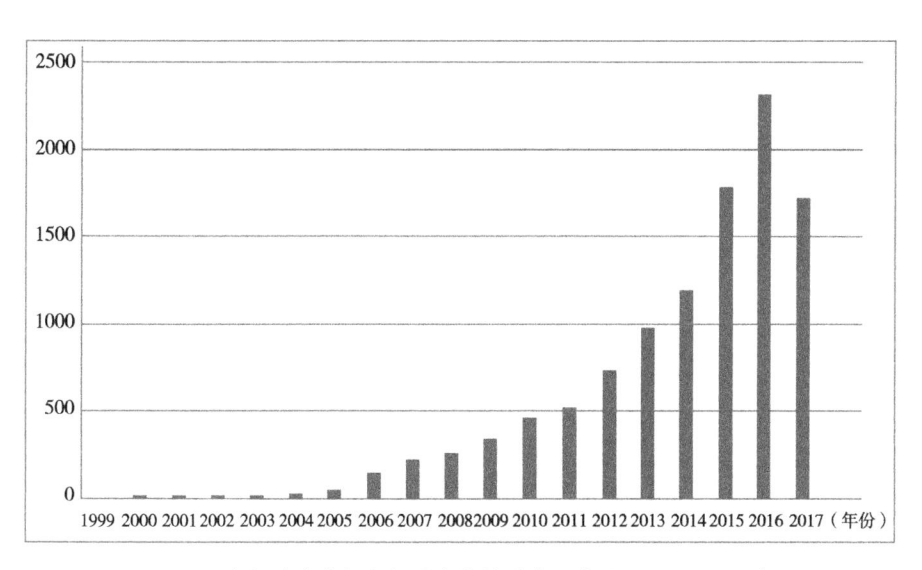

图1-1　各级政府在创新领域出台的政府文本（1999—2017年）

资料来源：根据CNKI检索结果绘制。

目前，我国政策评估的体制机制仍然不够完善，决策的科学化发展受到制约。2015年，证券市场的熔断政策刚实行便被停止，实施10年的"限塑令"迄今也名存实亡。很多政策存在短命或过时、质量不高、资源浪费的情况。作为政策过程中的重要一环，政策评估对提高政策质量、决策科学化发展、合理配置资源起着重要的作用。我国政策评估工作起步较晚，政策科学的发展还比较缓慢。改革开放以前的科技计划常以计划经济式的命令形式出现，适应于市场经济体制下的成熟、科学的政策制定及评估体系还没有被培育出来（唐云锋和李侠，2004）。

很多国家都已经设立了政策评估相关的法律法规。美国各届政府均重视政策评估相关的法案，从20世纪50年代开始实行绩效预算管理，1973年颁布《联邦政府生产率测定方案》；20世纪90年代克林顿政府出台了著名的《政府绩效与结果法案》(*Government Performance and Results Act*)；2002年，小布什政府颁布《项目评估定级工具》；2011年，奥巴马总统签署了《政府绩效与结果现代化法案》。日本于2002年4月正式开始实施《关于行政机关实施政策评价的法律》，与之前推出的《关于政策评价的标准指针》和《政策评价基本方针》共同构成了符合日本政治体制特色的政策评价制度（董幼鸿，2008）。韩国于2001年通过了《政策评估框架法案》，对政策评估原则、评估主体、评估类型、评估程序和结果的使用和公开等内容都做了详细的规定（李志军，2016）。

我国的政策评估制度还没有完全建立，已有的政策项目评价制度执行不够严格。20世纪70年代末，西方发达国家的决策工具——可行性研究引入我国，国家计委1983年颁发《关于建设项目进行可行性研究的试行管理办法》将可行性研究正式纳入建设项目决策程序（沈恒超，2014）。科技部2000年出台《科技评估暂行管理办法》，并于2003年颁发《科学技术评价办法（试行）》，共同对科技计划和项目的评估内容等方面做了规定，但尚未针对评估主体、原则和具体操作流程等进行规定。与发达国家出台的相关法律在公共政策评估的主体、内容、标准、方式和程序等方面进行规定相比，我国的公共政策评估还需要向更为规范和法治化的方向发展。

在创新政策领域，我国于 2015 年在《中共中央 国务院关于深化体制机制改革加快实施创新驱动发展战略的若干意见》中明确提出，要加强创新政策统筹协调，加强创新政策评估督查与绩效评价，形成职责明晰、积极作为、协调有力、长效管用的创新治理体系，完善创新驱动导向评价体系的要求。同时，文件中规定，建立创新政策协调审查机制，组织开展创新政策清理，及时废止有违创新规律、阻碍新兴产业和新兴业态发展的政策条款，对新制定政策是否制约创新进行审查。建立创新政策调查和评价制度，广泛听取企业和社会公众意见，定期对政策落实情况进行跟踪分析，并及时调整完善。因此，在实施创新驱动发展的过程中，构建一套科学合理、符合我国国情的创新发展政策评估体系，既是保障创新驱动发展战略顺利开展的制度需要，也是建立健全国家创新发展政策评估制度体系和提升政策过程完整性、科学性的重要手段。

第二节 政策评估综述

一、公共政策评估综述

公共政策作为科学开始研究的历史可以追溯到"政策科学"的提出，"政策科学"的概念是由 1951 年美国学者哈罗德·拉斯韦尔（Harold D. Lasswell）和丹尼尔·勒那（Daniel Lerner）在《政策科学：范围与方法的新近发展》（*The Policy Sciences: Recent Development In Scope And Method*）中首次正式提出的。他们认为，"政策科学是用于解决社会问题，特别是解决那些结构和关系都很复杂的社会问题的工具"。然而学者们认为，政策评估是 1965 年美国林登·约翰逊总统时期提出向贫困宣战计划的"伟大的社会"后才开始兴起的。在这一时期，政府对计划和项目分析工作的要求，带动了有关政府部门和私人部门采用社会科学的研究方法进行政策效果与效率的评判（廖筠，2007）。

（一）公共政策评估的内涵

自公共政策学科诞生以来，学者们从不同角度对公共政策评估进行了解释。兰德公司学者爱德华·奎德（Edward S. Quade）（1972）对政策评估的界定是："政策评估，广义上是一种价值分析的过程，但在狭义上却是在调查一项进行中的计划并就其实际成就与预期成就的差异加以衡量。"

美国著名公共政策学家托马斯·R.戴伊（Thomas R. Dye）在其1972年出版的著作《理解公共政策》中指出："很多有关于政策评估的定义将政策评估与政策所设定的'目标'联系起来。但是，我们并不总是明晰政策'目标'到底是什么，而且有些方案或政策追求的'目标'是相互冲突的，在这种情况下，政策评估就不能局限在政策对其目标的实现方面，而是应该关注公共政策的所有结果，或者说政策的影响。"他认为，政策的影响包括5个方面：

（1）对目标情形或群体产生的影响；

（2）对目标外的情形或群体产生的影响（溢出效应）；

（3）对近期以及未来的状况产生的影响；

（4）直接成本，方案实施直接消耗的资源；

（5）间接成本，也称为"机会成本"。

公共政策学者戴维·那赫米阿斯（David Nachmias）1979年在其《公共政策评估：途径与方法》一书中，把政策评估定义为："根据政策和计划所要实现的目标，对于正在推行的政策和公共计划对其目标的效果做出一个客观的、系统的、经验性的研究。"

美国政治学教授弗兰克·费希尔（Frank Fisher）在其20世纪70年代出版的《公共政策评估》中，提供了一种把政策目标的规范评估与政策评估典型的经验主义工作结合起来的评估思维。他认为，政策评估最初级的形式是项目认证，即验证项目结果是否符合既定的目标；进而是将项目目标与项目所处情景进行分析，确定项目结果与情景的逻辑关系，把规范标准和规则引至经验主义背景之下作为约束；更高层次则是要判断政策目标对社会整体的贡献以及会引起怎样的重大社会后果等问题；政策评估最后要着眼于政策是否与社会的意识形态相统一，甚至互相促进。评估的内涵也从评估政策结果与政策目标是否相符，向强调评估的规范主义内涵发展，最后扩大到全社会和政治制度本身契合的层面。弗兰克将政策评估分层次处理，并将政治学引入了政策评估范畴内，拓展了政策评估的理论内涵。

威廉·邓恩（William N. Dunn）（1988）认为，政策评估是指这样一个领域的工作：努力用多种质询和辩论的方法来产生和形成与政策相关的信息，使之有可能用于解决特定政治背景下的公共问题。

20世纪90年代初，美国政策研究学者斯图亚特·那格尔（Stewart Nagel）认为政策评估"主要关心的是解析和预测，它依靠经验性证据和分析，强调建立和检验中期理论，把评价看成一种科学研究活动"。他还认为，政策评价是政策分析和规划评价的结合体，是一系列技术的综合，用以挑选一系列可以实现给定目标并使收益达到最大化的备选公共政策。

德国学者沃尔曼（2003）从政策评估的功能出发，认为政策评估作为一种分析工具，其首要的任务就是为评价政策绩效提供政策过程和结果的信息。同时，政策评估又是政策循环中一个重要的阶段，它需要将这样的信息回馈给政策制定过程。

迈克尔·豪利特（Michael Hawlett）和拉米什（M. Ramesh）（2003）在论及公共政策评估时认为，政策评估的概念泛指政策过程中那个决定政策如何实际进展的阶段，它涉及对政策所服务的目标以及政策所使用的手段的评估。

我国学者陈振明（2003）认为，公共政策评估是依据一定的标准和程序，对政策的效益、效率及价值进行判断的一种政治行为，目的在于取得有关这些方面的信息，作为决定政策变化、政策改进和制定新政策的依据。伍启元（1985）认为政策评估是政策过程中的一个阶段。包含在广义的政策执行里，同时还包括政策的执行、政策的修改与变更、政策的调整。林水波、张世贤（1982）认为政策评估是政策过程的最后一个阶段，其"内涵为评估某一现行政策其在达成目的上的效果"。宁骚（2003）认为，公共政策评估的着眼点在政策结果，结果分为政策产出和政策影响两类，并认为政策产出是政府从事某项活动的计划结果，是目标群体和受益者所获得的货物、服务或其他各种资源。政策影响是指政策产出所引起的人们在行为和态度方面的实际变化。朱志宏（1995）认为政策评估实际上就是发现误差、修正误差的过程。雷家骕（2009）认为政策评估是在某项政策开始执行后，对其设计、执行、效果和成败原因进行系统分析和评判，以便为完善该政策和制定相关政策提供依据的行为。高兴武（2008）认为政策评估就是政策主体在一定的政治经济制度环境下，依据政策评估标准，采取一定的评估方法，对政策评估客体做出评价或判断的过程和结果。郭卫民（2011）认为政策评估使用某种价值观念来分析政策运行结果，更为确切地讲，政策评估提供了政策绩效本身和其运行结果所带来的价值方面的信息。

根据学者们对政策评估内涵的认识，可以将对政策评估的认识分为以下三类：第一种认为，政策评估是针对政策效果的评估，是对政府干预的价值、产出及结果的回顾与评价；第二种认为，政策评估主要是对政策方案的评估，主要是解析和预测，可以看作政策分析的过程；第三种认为，政策评估是对政策全过程的评估，包括政策方案、执行、结果。本书认为，政策评估是政策过程中的重要一环，起着预测、监督、回顾、总结等多种功能，在实际中评估内容应涉及政策内容、政策执行和政策的结果。

(二) 公共政策评估范式演变

本书根据已有的公共政策评估研究，将公共政策评估的发展分为三个阶段。

第一阶段，政策评估模仿自然科学的研究方法，注重实证分析和定量检验。20世纪70年代以前，政策评估多以科学管理为思想，以实证研究为主流。这期间，史蒂芬（A.S. Stephan）在1930年到1935年用实验设计方法评价了罗斯福新政，1951年，美国学者哈罗德·拉斯韦尔和丹尼尔·勒那在两人合著的《政策科学：范围与方法的新近发展》中首次提出"政策科学"的概念，他们强调政策科学的方法——需要一个相当明确的与政策有关的价值目标。但同时，拉斯韦尔也尤为强调理论实证主义方法论的发展对公共政策研究发展的重要性（高雪莲，2009）。

第二阶段，政策评估的价值判断理念开始崛起。20世纪七八十年代是价值判断与规范分析开始发展的时期，学者们也将20世纪80年代以后的公共政策评估称为"后实证主义"时期。查尔斯·琼斯（1984）认为政策评价具有价值判断特性，政策评价其作用在于确认或推断政策的利弊，为将来改进政策提供参考。这期间实证研究和规范分析在理论和实践中展开较量。

第三阶段，政策评估遵循多重价值理念和强调定性与定量同时运用的发展。1989年古贝（Guba）和林肯（Lincoln）在其《第四代评估》中指出前实证主义研究存在的重大缺陷：管理主义倾向、忽略价值的多元性，以及过分强调调查的科学范式，并提出了响应式建构主义评估的方法论，强调了利益相关者的不同价值取向及其所处情景在政策评估中的重要意义，认为此即"第四代评估"。豪利特和拉米什（2003）提出政策目标是不同利益集团相互妥协的产物，即便是同一个评价结果在不同群体中，可能有完全不同的解读。弗兰克·费希尔（2003）在其《公共政策评估》中提出，政策评估是实证分析和规范分析的有机结合，也是事实与价值的统一，并提出了公共政策评估的二层顺序方法论。公共政策评估发展至今已经到了一个多维、开放、系统的、动态的评估环境，政策分析将以某种形式的批判性复合主义为核心（威廉·邓恩，2002），这一方法论强调了要从多个角度观察、解释和认识事物。公共政策评估发展到现阶段，所处多元价值体系和复杂评估环境之中，并且越来越多地将事实评估和价值判断相结合。

（三）公共政策评估的分类

政策评估有很多种类型，可从政策过程阶段、评估的组织形式、评估客体、评估主体等多个角度展开。

根据评估在政策过程中的阶段，政策评估可以分为事前、事中、事后评估。事前评估主要指政策执行前对政策方案的评估，目的在于政策或计划执行前得以修正其计划内容，使得资源得到适当分配。事中评估主要指政策执行阶段开展的评估，侧重系统、动态地探讨政策执行过程，主要了解执行阶段是否存在缺失。事后评估是指对政策执行后政策结果的评估，关注的是政策的实施效果。例如，爱德华·A. 萨合曼（1967）从政策的角度将评估分为五类：投入程度评估是评估政策投入的数量和质量；绩效评估关心政策产出与目标的差距；绩效充分性评估是指政策绩效能够充分反映政策目标的程度；效率评估着重于政策产出的成本效益；过程评估重点关注政策是否按照预定计划与目标进行。埃莉诺·切利姆斯基（1989）则将政策评估分为前置结束分析、可评估性评鉴、过程评估、效果或影响评估、计划追踪、评估汇合六类。美国评估研究学会（Evaluation Research Society，ERS[①]）在《评估实作的标准》中，按照政策阶段和评估内容将评估分成了六种类型。前置分析、可行性评估、过程评估、影响评估、持续性评估和后评估（罗西，1972）。

根据评估组织形式，政策评估可以分为正式评估和非正式评估。非正式评估对评估者、评估内容和评估形式等均没有严格规定，对最后评估的结论也不做严格要求，是人们根据自己所掌握的情况对政策做出鉴定。正式评估指事先制订完整的评估方案，并严格按照规定的程序和内容执行，由确定的评估者进行评估，其评估的结论作为政府考察政策的主要依据（陈振明，2003）。正式评估和非正式评估的应用场景和具体要求不同，在一般情况下，正式评估的结论更具指导意义。

根据评估主体，政策评估可以分为内部评估和外部评估，评估主体为政策制定或执行者及其下属机构的称为"内部评估"，评估主体为非政策制定、执行者或政策对象以外的其他第三方专业评估团体的称为"外部评估"。美国公共行政学学者威尔逊（1995）曾提出了两条有关政策评估的一般定律：第一，假如一项政策研究是由实施该项政策的人或者他们的朋友进行的，那么所有对社会问题所作的政策干预都会产生所要得到的效果；第二，如果政策调研是由独立的第三方，尤其如果是由对相关政策持怀疑态度的人所进行的，那么没有任何对于社会问题进行的政策干预会产生预想得到的成果。内部评估往往是从评估的结果中得到政策的有关信息进而实现内部管理和政策问题筛查和改进等作用，但是由外部具有公信力的机构或评估专家来承担的外部评估结论具有说服力。政府部门对评估结论的意见和其他利益相关方的结论意见应同时体现在报告中。外部评估要做到：一是透明性，即评估标准、审议过程、评估

[①] 1986 年 ERS 和 ENet（Evaluation network）合并，成立了美国评估协会（America Evaluation Association，AEA）

结果的公开；二是中立性，即由无利害关系的外部第三方进行评估；三是持续性，即按一定周期或研究阶段进行评估；四是实效性，即根据评估结果进行资源配置。

根据评估客体的复杂程度，同时根据被评估政策的复杂程度，评估又可以分为单一政策评估、政策组合评估和政策体系评估。单一政策指包含一个政策工具的政策，如高技术企业所得税减免政策、研发费用加计扣除政策等。政策组合的概念由经济学家蒙代尔（1962）首次提出，而后逐渐被引入创新政策领域。早有研究创新政策学者提出公共政策的多层次、多参与者和协商性等特点（库曼和夏皮拉，2006）。弗拉纳甘等（2011）认为与创新政策结果相关的政策组合互动具有复杂、多层次、多行动者和随时间分布的特征，并从概念上重塑了政策组合的构成。政策组合在创新领域有多种实际应用，如完善知识产权环境的知识产权保护政策、支持创新的人才政策、鼓励中小企业创新发展的金融政策等。最复杂的评估客体是政策体系，政策体系的评估通常在地区或者国家层面展开，由相关评估主体对该地理区域范围内的创新政策体系进行系统性的评估。政策体系包含政策工具复杂、涉及政策数量大、评估要考虑地区或国家层面上的政策的综合效果，对相关政策作用周期要求较长。

其他评估类型。政策评估还存在其他分类，如威廉·邓恩根据评估的价值导向，将公共政策的评估分为伪评估（Pseudo Evaluation）、正式评估（Formal Evaluation）以及决策理论评估（Decision Theoretic Evaluation）。其中伪评估的假设是评估的价值尺度是毋庸置疑的或不证自明的。正式评估的假设是正式宣布的目的或目标是政策评估的价值标准。决策理论评估则认为，政策的利益相关者公开或潜在的价值取向都是对政策或者项目价值的衡量。史蒂芬·库曼（2003）根据评估功能将政策评估分为两类：第一类是对出台执行的政策进行绩效评估，为措施的后续推广提供合理性证明；第二类是将评估作为学习媒介，在评估过程中发现有关政策结果和政策问题等经验并作为未来政策的决策支撑。

公共政策理论方法在一般公共政策评估中有很强的指导意义。如环境政策评估，宋海生（2009）依据弗兰克·费希尔的政策评估理论和模型，构建了对"限塑令"的两个层次的评估，分别从政策的"项目验证""情景分析""社会论证""社会选择"展开评估，每一项评估分别对应政策的效果评估、社会背景分析、社会影响评估和政策的教育意义评估。高庆蓬（2008）对中国教育政策进行评估，通过对教育政策评估的功能、标准和过程等进行剖析，建立了国家教育政策体系的评估指标体系和标准的评估实施流程，并认为评估标准和指标是评估的基本依据。罗朴尚等（2011）在简单随机样本基础上，采用非参数和半参数等方法对中国现行高校学生资助政策进行评估，对不同类型的资助的实际效果进行评估分析。邵国栋（2008）从政策的需求和供给角度研究分析出发，对农民工养老保险政策进行评估，认为现行农民工养老保险政策在目标明确性、适应性、可持续性等方面有待进一步完善，并根据现有政策的短板提出了政策的改进建议。秦兴俊和胡宏伟（2016）在调查数据的基础上，采用回归分析的方法对体现医疗保险政策效果的老年人卫生服务利用指标进行分析检验，验证了医疗保险政策在促进老年人卫生服务利用方面的有效性。

在公共政策评估理论和方法的指导下，一般性公共政策评估在评估模式构建、评估方法选择和评估目的等并没有明显不同。具体领域政策评估会因具体政策的特点，在评估方法和目的等方面的选择上有所区别。

二、创新发展政策评估综述

创新发展政策在理论上也属于公共政策研究范畴，但是由于创新发展政策与一般公共政策相比还存在一定的特殊性，创新发展政策的评估还需要具体研究。本节将把创新发展政策评估综述分为国外和国内两个部分展开。

（一）国外创新发展政策评估综述

早期的政策评估大部分都是以政策结果和对目标群体影响的角度进行的，这些评估大多通过定量或定性的方法收集有关政策结果的数据，并从某种程度上证明政策的合理性，同时评估也会考虑政策对非目标群体的影响。

豪沃德·拉什于2004年对英国1987年进行的一项政府发起的微电子应用计划进行评估，通过对当时参与计划的企业进行问卷调查，并抽取部分企业做进一步的访谈，研究认为如何对参与企业的能力成长做判断是长期评估的关键。阿思·艾萨克森（1999）对北挪威的"创新和新技术项目"进行评估，在大量的项目材料和数据的基础上，评估人员采用问卷调查和企业访谈的方式，发现该项目对当地中小型企业的创新活动有很大的促进作用。乔治·西里利和法比里奥·图兹（2009）通过与意大利教育部资助的研究项目负责人访谈，对意大利政府财政支持科研计划的项目进行评估，并在短期和长期范围内考虑了项目的社会经济影响。卢西亚诺·凯（2012）分析了三个航空航天项目案例中创新政策工具之一——奖金在促进创新中的作用，如加速技术的发展和商业化，用财政资金为外部创业融资，促进合作并使得参与主体更加多元化等。但奖金这一工具也存在诸如不能解决产品或技术研发过程中的资金问题，参赛者不为奖金而为荣誉等与政策工具设计本身不相符的现象。技术社会集团关于2005年高技术创业基金（High-Tech Gründerfonds，HTGF）项目的效果评估，该项目是为了刺激德国初创企业种子期融资市场的繁荣，改善技术型创业的融资环境。

评估小组使用了文献研究、访谈、问卷调查等方法。

随着评估实践活动的活跃，创新政策制定者们发现过去的评估经验可以为后续政策制定或执行的改进提供信息支撑。而早期针对政策合理性、绩效等方面的评估，研究重心要向通过提升对评估的理解和对未来的把握方面转移，并将评估的关注点向更广泛的方向扩展。政策组合或一揽子计划通常设有很多预期目标或效果，除了参与主体的短期或长期收益和创新产出、能力增长等，政策对其他群体以及社会影响也应考虑在计划的整体效应内，如单一政策的绩效考察在政策组合的评估中不具有太大意义。在评估的实际操作中，也要让利益相关者尽可能参与进来，形成综合、全面并对未来有指导意义的评估报告。

以欧盟委员会对欧洲研究与技术开发（Research and Technological Develepment，RTD）计划的评估为例，见表1-1，从第四框架计划开始，基本确立了每年一次全面评估，连续监测、让外部专家更多参与"独立评估"为特色的评估机制。

表1-1 欧盟委员会RTD评估体系概览

覆盖范围	时间安排	目标	方法	欧委会的角色	评估受众
专项计划	新框架计划提出之前的五年评估	为框架计划五年评估和未来计划的设计提供参考信息	专家小组 核心指标 定性证据 访谈 调查 专项计划监测小组报告和以往评估报告 专项计划的成果报告	通过评估部门协调来自计划管理者的信息 恢复建议 分发报告	计划管理人员 计划委员会 科技研究委员会 欧洲议会 欧洲理事会 欧洲经济和社会委员会

续表

覆盖范围	时间安排	目标	方法	欧委会的角色	评估受众
框架计划	新框架计划提出之前的五年评估	对欧洲共同体目标实现进展进行评估 为科技政策和框架计划的设计提供参考信息	专家小组 核心指标 定性证据 访谈 专项计划评价小组报告和以往评估报告 框架计划层面的成果报告	通过评估部门协调 来自计划管理者的信息 回复建议 分发报告	框架计划管理人员 科技研究委员会 欧洲议会 欧洲经济和社会委员会

资料来源：菲利普·夏皮拉，斯蒂芬·库尔曼，等.科技政策评估：来自美国与欧洲的经验[M].北京：科学技术文献出版社，2015.

2008年，OECD（经济合作与发展组织）科学技术和工业总司（DSTI）与中国科技部联合完成了对中国国家创新体系和政策的评估研究。此次评估目标主要是帮助调研国家政府推进创新导向下的经济与社会发展。具体目标为：①评估并预测中国科技创新在经济与社会发展中的作用；②总结、归纳当前中国国家创新体系在组织结构、政策治理、行为绩效、全球化整合，以及未来发展潜力等方面的现状与特征；③为中国如何提升优化国家创新体系，并平稳融入全球化知识经济浪潮提供政策建议。评估对国家创新系统中的政策与制度环境、研发活动、科技人力资源和科技统计指标等方面进行了考察和评估。评估组通过实地调研、研讨会等方法，历时两年有余，得出最终报告。

创新政策体系评估的理论与方法也在不断丰富。埃里克·阿诺德（2004）认为创新政策体系的评估需以提升国家创新系统能力为目标，既有的针对企业、科研院所等具体参与主体的政策评估是片面的，应该在国家创新系统理论（Freeman，1987；Lundvall，1992；Nelson，1993）基础上，从一个更全面、更宏观的角度评价创新政策对国家的影响。国家创新系统理论明确了创新主体以及政府在创新体系中的作用，为评估系统内各主体分工运行提供了标准，根据系统中每个角色的职能，对政策的合适性、有效性和影响进行评估。埃里克（Erik）将国家创新系统中的主要组成部分，即机构、联系、知识和能力作为主要评估内容，衡量每个主要组成部分在系统中的运转，如表1-2所示。在创新政策体系评估中用到的具体方法包括，科学计量学、调研、案例分析、微观和宏观经济学、对比研究等。

表1-2 国家创新政策体系的评估内容

	机构
经营或生产部门	资源充足性和吸收能力； 供应链产业集聚体和部门的完备性及业绩； 创新层级，R&D绩效和创新活动； 经济竞争力
教育、科研和中介机构	研究和教育的能力和质量； 高等教育和科研训练的参与程度； 关键领域的成果； 改变社会和技术需求的能力； 战略和管理绩效，尤其是变化管理； 与创新系统其他成员的沟通效率
政治系统	政策和分析功能的有效性； 研究和创新政策、政策组合； 机构结构的有效性以及制定创新政策消耗的人力； 治理的充分性
基础设施	提供是否完备充足； 运营的效率和效果
框架条件	规范性框架以及其执行的持续性； 对研究和创新的税收和财政优惠； 来自经济、社会和文化方面的对创新创业的奖赏和抑制
需求	消费者对创新的接受度； 国内市场提供的选择环境的难度； 市场领先程度和刺激供应商学习的能力
	联系
普遍联系	跨越机构界限的合作程度
知识联系	知识使用者和生产者的联系程度以及知识在系统内自由流动的程度

续表

	知识和能力
经济和技术能力	所有机构的经济、技术和变化能力的充分性; 教育和培训的水平的充分性
公共部门的科学素养	对研究和技术足够理解并做出正确决定的程度,尤其是在政治水平上,但也可以更广泛

资料来源:阿诺德(Arnold)(2004)。

综上所述,从评估对象的复杂程度来看,国外(以欧美为主)的创新政策评估层次较为丰富,不仅对单一政策或项目开展评估,并在理论和方法上不断向"一揽子"政策和国家创新政策体系扩展。在评估对象上,研究主要聚焦于单个项目或政策的评估、政策组合或计划的评估、国家创新政策体系的评估。

(二)国内创新发展政策评估综述

我国最早关于"创新"这一概念的研究起源于20世纪70年代,张培刚和厉以宁于1981年介绍了熊彼特的创新理论。1987年和1988年中国科学技术信息研究所和中国科学技术促进发展研究中心先后就国外技术创新政策和技术创新研究进行了系统介绍,召开国内首次技术创新研讨会。1989年,国家自然科学基金委员会、科委等部门开始资助技术创新项目的研究(吴建南,1998)。创新,尤其是技术创新在我国经济发展过程中扮演的角色越来越重要,也得到了政策制定者的高度重视,据CNKI统计,我国1999年到2016年间的创新政策共10873条。然而政策出台过多难免出现冗余低效、政出多门、执行不力等问题以至于很难达到政策效果,因此,构建规律性、系统性的创新政策评估机制对完善政策体系、营造制度环境有着重要的意义。

我国科技政策评估最早可追溯到20世纪50年代初期,在引入苏联式技术经济分析或称"技术经济认证"后,我国相继颁布了《1956—

1967年科学技术发展远景规划》和《1963—1972年科学技术发展规划》。当时主要是对将要实施的大型计划、重点项目进行技术和经济效果分析，以及政策实施前的预测性分析（李志军，2013）。"十一五"期间，我国的创新发展政策评估正式起步，2000年开始部门预算制度改革和2007年《中华人民共和国各级人民代表大会常务委员会监督法》正式实施（吕燕，2012；赵莉晓，2014）。2015年，《中共中央 国务院关于深化体制机制改革加快实施创新驱动发展战略的若干意见》要求，到2020年我国基本形成适应创新驱动发展要求的制度环境和政策法律体系。创新发展政策在促进我国创新发展、提升创新能力等方面起到了支撑与引导的作用。我国的创新发展政策评估正逐渐获得决策层的认可，其重要性不断攀升，并逐步确立了相应的法律地位。

创新发展政策评估是创新发展政策理论的重要组成部分，既能强化修正政策理念，又能丰富政策知识，推动政策理论的发展（徐大可和陈劲，2004）。我国创新发展政策评估主要分为两类：第一类是广义的政策评估，即创新发展政策的全面评估，在大量数据和事实材料的基础上，对政策制定、执行和结果中出现的问题进行总结，为政策制定者提供有借鉴意义的政策建议；第二类是狭义的政策评估，主要针对政策结果，重视创新发展政策的效果、效率和效益等方面的评估。

赵莉晓（2014）从公共政策的角度出发，强调了创新政策区别于公共政策的特性，采用韦唐的"综合的评估模式"，构建了从政策制定、政策执行和政策效果三个方面的创新政策评估框架。曲婉（2017）总结了OECD和美国健康政策评估工作后，提出创新政策的评估流程，并以高技术产业税收优惠政策为例，开展了政策内容评估、政策执行评估和政策效果评估。张弛（2015）认为，科技创新政策涵盖范围较广，在评估山东省科技创新政策时，将国内科技创新政策实施效果的评估分为从多个角度（对象）出发的评估和从多个利益相关者角度出发的评估，并认为，单一角度的评估有助于分析针对性政策在具体对象上的作用，而多个利益相关者分析角度更能从整体上把握创新政策的效果。綦良群等（2010）对高技术产业政策体系进行评估，并对高技术产业政策的事前、事中和事后阶段分别建立了评估指标体系。武超（2007）认为，创新创业政策体系庞杂、涉及面广，因此选择综合评估模式和多目标综合评估法对创业政策进行评估。YangC 等（1997）对中国台湾地区 1982 年的"科学与技术计划"提出评估的框架，将政策的绩效评估指标体系设为三个层次，研究结果的评价指标、产业合作指标和技术扩散指标。

还有一部分学者对政策结果进行评估，通常采用实证主义的研究方法，对企业的创新行为进行定量化的研究，以考量政策在创新中的作用。王砚波等（2017）用非连续回归方法、模糊 RD 方法等对内部管理数据进行分析，对中国支持创新的计划绩效进行评估，结果并没有发现企业的生存能力、专利或风险投资能力与创新项目的资助有明显因果关系。李伟铭等（2008）对广东省 300 家中小企业进行问卷调查，通过结构方程验证，得出了政府的创新政策对企业的创新绩效产生积极的影响，且创新政策是通过作用于资源投入和组织激励而提升企业创新行为并提高企业创新绩效的。孔婕（2010）以深证中小企业板上市公司为样本，衡量我国创新政策对企业创新活动和业绩的影响。这些研究通过实证数据评估政策结果，对政策总体的有效程度有了客观的认识，但缺乏政策过程中的问题分析和反馈，因此也无法像规范主义研究能给予政策改进的意见。

基于对文献综述的研究，本书认为：

（1）创新发展政策评估区别于一般公共政策评估

首先，由于创新主体的复杂性，创新发展政策的对象也从企业创新主体到区域或国家创新体系。创新发展政策的形式也因此常作为单一政策、政策组合和政策体系的形式出现，政策评估的目的和作用也发生了一定变化。其次，创新发展政策的根本目的在于打破原有低效率的生产经营模式，鼓励创新主体发现新材料、使用新工具、开创新的生产关系、拓展新市场等，进而达到更有效率的新平衡，因此创新发展政策是动态变化的，并有可能是阶段性的，评估的目的和方法也可能会阶段性地发生变化。此外，大部分创新发展政策的效果需要很长的周期才能显现，创新能力的提升，尤其是国家创新能力的提升是一个漫长的过程。因此，创新发展政策的评估应该更加着眼于政策的长期效果。

（2）我国创新发展政策评估研究仍存在不足

首先，在评估的理论方法上，对科技创新政策的理论研究不足，创新发展政策的评估理论还需要进一步深化研究，除借鉴国外创新政策评估理论方法外，国内研究在理论与方法方面鲜有创新。其次，在评估内容及层次上，国内研究的关注点与国外有所不同，国内研究主要问题在于评估原则、步骤、框架、经验借鉴、科技评价体系等方面，且缺乏国家层面长期有序的创新政策评估，而国外在宏观、中观、微观层面均有研究且大量采用宏观计量、微观计量、仿真、访谈等研究方法（范柏乃，2012）。最后，在评估的深度与广度上，国内绝大多数评估没有考虑时间因素在政策过程中的影响，评估目标相对局限，并很少涉及创新系统中受到政策影响的非目标群体。

根据目前我国政策评估领域的研究，本书认为，目前结合我国国情和政治背景的评估理论未充分发展，评估方法的使用还缺乏相关评估理论支撑。政策评估研究还未能构建一套通识的政策评估框架指导评估实践。

第三节　研究问题与意义

一、研究问题

公共政策评估研究已成为政府决策的重要依据，创新发展政策评估为我国实现创新驱动发展，建设创新型强国提供了重要的决策战略支撑。但目前我国政策评估普遍存在评估目的不明确、评估方法不突出、评估的理论与方法探索不够等问题，政策评估理论随着社会政治环境的变化仍需进一步发展，方法选择和方法论构建的合理性仍需在理论上进一步探讨。已有评估研究多以针对具体政策建立评估方法体系，政策评估，尤其是创新发展政策领域仍然缺乏一套标准的具有可操作性的政策评估的方法体系，能够在实践中对评估予以指导。

本书将在已有文献和实践研究的基础上探索出一个规范化的创新发展政策评估的研究框架，并用该框架对实际创新发展政策案例进行评估。在不同案例的实践和应用中证实框架的有效性，并对框架进行完善和改进。

二、理论意义

创新发展政策评估框架的构建，完善了该领域已有研究的不足。本书在创新发展政策评估的拓展研究方面，发展了公共政策和创新发展政策研究的理论，为后续在该领域的理论研究提供了基础，具有一定的理论价值，并在促进评估理论与实践联系、理论指导实践上做了进一步尝试。

三、现实意义

创新发展政策是我国实现创新驱动发展和建设创新型强国的重要政策支撑，是新时代下提高综合国力，面对全球激烈竞争的重要基础。创新发展政策评估框架的建立和完善,是创新发展政策在优化公共资源配置方面的重要依据,也是提升决策质量、进一步促进决策科学化发展的必然要求。完善创新发展政策评估体制,健全创新发展政策体系对我国建立健全高效的国家创新系统有着重要的意义。

第四节 文章结构

本书章节结构安排如下。

第一章,是全文的绪论,主要介绍本书的研究背景和意义,政策评估的研究综述以及本书的研究问题和研究思路。

第二章,政策评估的理论和方法研究。本章对政策评估的基本理论进行分析研究。并对常用的政策评估的方法按照定量分析方法、定性分析方法和信息收集方法进行整理分类,总结研究了相应的方法的优劣势和在评估中常见的应用。

第三章,创新发展政策评估的三维框架的构建。在理论和实践研究的基础上,建立以政策评估的评估方法、评估目的和评估对象为分析维度的政策评估框架。

第四章,以"对象—目的—方法"三维框架为工具对研发费用加计扣除单一政策进行评估,对评估框架评估单一政策的有效性进行验证,并从评估实践中对框架进行完善,证明了研发费用加计扣除政策结果的有效性。

第五章,以"对象—目的—方法"三维框架为工具对"全面创新改革试验"下安徽省成果转化政策组合进行评估,补充了框架在评估政策组合时的不足,并得到"全面创新改革"下的成果转化政策组合的有关结论。

第六章，以"对象—目的—方法"三维框架为工具对国家创新政策体系（以 OECD 中国创新政策研究报告为例）进行评估分析，补充框架在评估政策体系的不足，进一步完善框架的构建。

第七章，全文总结、创新点以及研究展望。总结全文的主要内容和研究的创新点，并对本研究的不足和未来研究方向进行总结和展望。

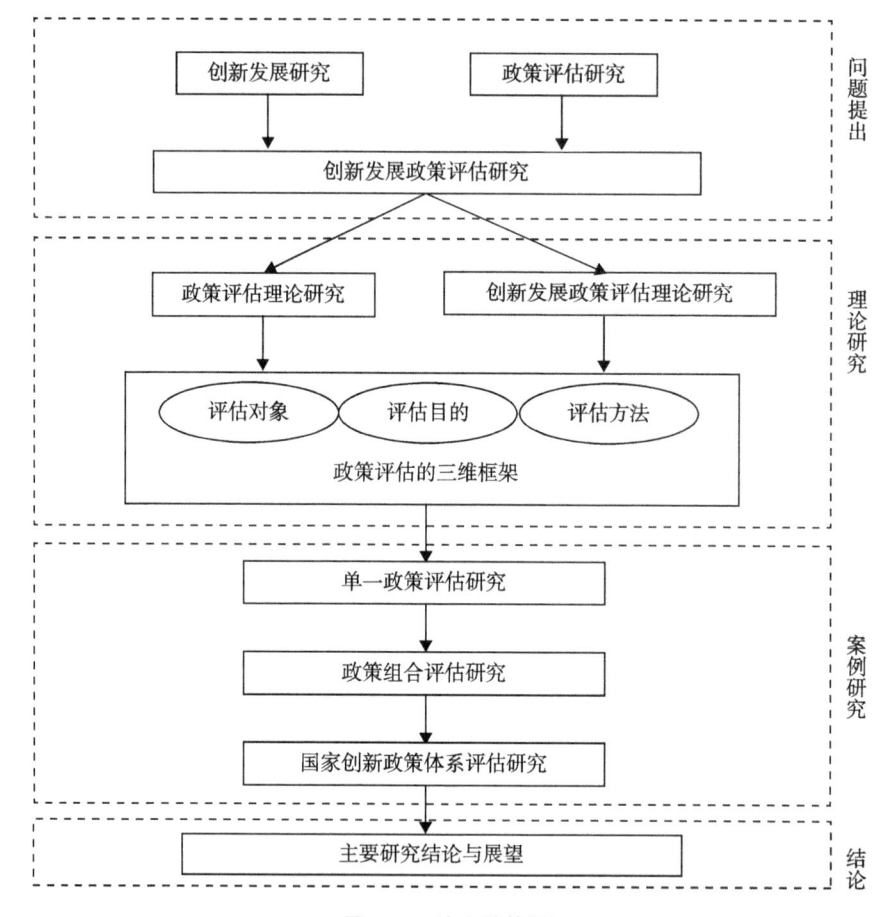

图 1-2　论文结构图

资料来源：笔者绘制。

第二章

创新发展政策评估的理论与方法

第二章 创新发展政策评估的理论与方法

第一节 创新发展政策的内涵

创新在微观和宏观上有不同层次的含义。在微观层面上，约瑟夫·熊彼特（1921）认为创新是生产的新组合，包括开发新产品、采用新方法、开辟新市场、获取新原料和实现新的组织形式等。微观的创新集聚成势，则发展成为广义上的创新，创新是一个复杂的价值创造的社会过程，包含科学价值、技术价值、经济价值、社会价值和文化价值的创造，涉及科学发现、技术发明、方法创新及其商业化应用与社会推广活动。我国的经济发展正在以要素驱动和投资驱动为主的经济结构，向以创新驱动为主要力量的方向转变。创新发展则是指创新驱动的发展，既体现了创新促进经济、社会发展的结果，也体现了科技创新能力自身的演进[①]。

对于创新发展政策的定义，从创新和政策两个基本概念出发，蔺洁（2015）将创新政策定义为"中央和地方政府机构为促进创新和提升创新能力所确定的行为准则或采取的行动计划"。从创新发展政策与其他政策的关系研究出发，王胜光等（2016）认为创新发展政策关注广泛领域政策对创新发展的作用，其不独立于科技政策、创新政策、经济政策和其他社会领域政策，而是强调这些领域政策对创新发展的作用与影响。因此本书认为，创新发展政策是以促进创新发展为目的，作用于创新过程

---

① 中国科学院创新发展研究中心.2009 中国创新发展报告［M］.北京：科学出版社，2009.

的各个环节，包含了科技发展政策、技术发展政策、产业发展政策、环境发展政策和贸易发展政策等多个领域政策的综合。

第二节 政策评估的理论基础

一、公共政策评估理论

政策科学自20世纪50年代诞生以来，在半个多世纪时间内不断发展和演化。政策评估作为政策科学的重要组成部分，评估理论的发展也随着政府职能理念的变化而变化。同时，评估涵盖的学科越来越多，政策评估的理论支撑的范围也越来越广。

（一）新公共管理理论

传统公共行政学理论以韦伯的官僚体制理论和威尔逊、古德诺等人的政治与行政二分法理论为基础。而发起于20世纪末的新公共管理思潮，对传统公共行政模式提出了巨大挑战。它的基本取向是以工商主义的理论、方法和技术，引入市场竞争机制，强调顾客导向以及提高客户质量为特征的"管理主义"（陈振明和薛澜，2007）。新公共管理理论反对旧有行政体系和管理模式在西方普遍带来的政府运营低效、财政危机严重、高投入、低产出等现象。英国公共管理学家胡德（C. Hood, 1991）将新公共管理的特质归纳为：（1）公共部门要实施专业化管理，责任落实到每个负责人，权力不能分散；（2）绩效应具有明晰的标准和测量方式；（3）产出控制应得到更大的关注；（4）公共部门中的不能集聚团体；（5）公共部门应引入竞争机制；（6）公共实践应更强调应用私有部门的运行方式；（7）强调公共部门对资源使用的节制。戴维·奥斯本（David Osborne）和特德·盖布勒（Ted Gaebler）的著作《重塑政府》（*Reinventing Government*）以新公共管理理论为基础，提出了企业家政府理论，在当时的克林顿政府引起了极大的重视，并对克林顿政府的执政风格有很大的影响（丁煌，2005）。

我国正处于经济全球化、信息化、市场化的大背景中，政府的行政管理能力不断受到新环境的挑战。新公共管理理论对中国的行政管理改革有着重要的借鉴意义。建立健全政策评估体制机制，有助于提高政府运营能力和效率，强化政府责任意识。

（二）政府失灵理论

西方经济学认为，政府干预的出现本身是为应对市场机制的不完善。近现代曾以凯恩斯主义为代表的政府干预主义在"二战"后美国的崛起中起到了不可估量的作用。而到20世纪70年代，美国出现的"滞涨"问题让学者们重新思考过度的政府干预带来的问题。以詹姆斯·布坎南（James M. Buchanan）为代表的"公共选择"学派对政府失败的本质进行了解释。"公共选择"学派将经济学的"经济人"的设定与政治科学结合在一起，证明了市场的缺陷并不是把问题转交给政府去处理的充分条件，认为政治实际上是用理性经济人解释了政府和官员并不是追求结构和社会的利益最大化，而是个人的利益最大化，指出了政府的局限性和政府失败的原因。

政府失效分为以下几个方面。首先，作为"经济人"的政府职员，总会在某种程度上寻求对自己利益最大化的行为，而这种行为也称为"内部性"①。其次，信息的不对称导致公共政策的制定无法做到政策的绝对正确。又如，政治家的"近视效应"也是导致公共决策失误的一个原因。政策本身具有相当程度的复杂性，政府官员在自己任期内，容易受

---

① 内部性（Internalities）指公共组织或非市场组织自身的目标，是公共组织用以评价全体成员、决定收入和待遇等方面问题的标准。沃尔夫认为，内在性或组织目标是使机构中的全体成员发挥最大机构职能的重要因素。

到政绩和考核指标的影响,制定的政策常常着眼于近期的成效而非长远的利益。"寻租"是政府失灵的一个基本类型。现代寻租理论认为,一切利用行动权力大发横财的活动都可以称为"寻租活动",租金泛指政府干预、行政干预或行政管制导致市场形成的差级收入。寻租使得政府的资源配置变得扭曲,导致市场秩序混乱,政策效力全无。寻租的经常性发生会导致政府内部对权力的争夺与政府不良声誉。缪勒在《公共选择》中将寻租分为三种类型:第一种是通过政府管制的寻租;第二种是通过关税和进出口配额的寻租;第三种是在政府合同中的寻租。此外,干预政策也非常容易造成不平等的竞争环境。同时,政府部门内部缺乏对利润的追求动机和市场化的淘汰机制。政府绩效的提升于内没有动力,于外没有竞争。综上所述,政府失灵存在必然的原因。

由于政府失灵的存在,政策评估有着必然的要求。通过政策评估,能够起到对政策决策过程的检查和反馈,以及监督激励政策执行人员的作用,能够有效控制和防止政府失灵带来的负面作用。

(三)组织学习理论

学习在认知科学中的定义为,通过实践获得的对行为模式的改变。组织学习理论则借用个人的学习特征来描述一个企业的行为,即组织宏观上表现出来的学习行为。阿戈瑞斯和朔思(1978)第一次提出了组织学习(organizational learning)的概念,并将其定义为"发现错误,并通过重建组织的使用理论而加以修正的过程"。不同的学科在组织学习理论的内涵强调的重点不同,经济学强调学习在实践过程中的积累。组织学习包含学习曲线、前进速率、经验曲线,认为学习只有在解决问题的过程中才能发生。管理学在组织学习研究中,认为学习在一定条件下才能发生。对组织学习的过程进行了研究,并在实际操作中开发了比较完善的激励组织学习的技巧(青平,2003)。陈国权和马萌(2000)认为,组织学习是指组织不断改变或重新设计自身以适应环境变化的过程。

政策评估是政策学习的重要手段,评估对政策制定过程中的问题进行反馈,是政策改进的重要支撑。组织学习对企业的学习行为同样有着显著的促进作用。学者们认为组织学习是组织维持创新的主要因素,组织学习能够强化企业自身改善旧有范式的能力(Mabey & Salaman,1995;Tuckerr,2001)。组织学习对企业创新的实证研究证实组织学习对企业的创新绩效有着显著的正向影响(蒋天颖和王俊江,2009)。

(四)效果律与过度辩护效应理论[①]

效果律是心理学在行为的产生方面的解释,是由爱德华·索恩迪克于1905年就行为条件问题提出的心理学原理,具体阐述为:在特定情况下产生满意效果的反应在同样的情境下会再次发生,而产生的不适反应则不太会再发生。而在现实状态下,"满意"和"不适"则通常由"奖励"和"惩罚"所替代,则奖励某种行为,该行为很可能会再次发生,而惩罚则会使行为再次发生的可能性变小。这一理论解释了企业在多次长期的政策激励和引导下,产生创新行为的心理层面的原因。而过度辩护效应(overjustification effect)则解释了有预期的外部刺激,如报酬或奖励,会削弱一个人完成一项任务的内在动力。为之前没有奖励的活动提供奖励,从而将内部动机转换成了外部动机。一旦奖励不再提供,针对此活动的兴趣将丧失,并且之前的内部动机将不再出现,因此要维持一项活动,外部奖励的刺激要持续不断提供。根据自我认知理论,一个人会根据外部的限制等影响因素推断产生自己行为的原因,强有力的约束(如奖励)的存在会使一个人得出结论,他的行为只是为了奖励,这就将人的动机从内在转向了外在。

[①] E. 西尔格德,R.C. 阿特金森,E.E. 史密斯,S. 诺伦-霍克西玛,等. 西尔格德心理学导论[M],北京:世界图书出版社,插图第十四版,2013.

效果律和过度辩护效应会在政府制定和实施创新发展政策时有所体现。如政府奖励补贴进行研发投入的企业时，企业对奖励、补贴政策会形成一定的行为反射，而这种行为反射并不是长期的，伴随着奖励和补贴的减少，该行为可能会减弱。企业研发投入的内在动机会转化成为受补贴影响的外在行为。该理论在政策制定和政策评估研究方面有一定的指导意义。

（五）C.维斯政策评估的政治倾向理论

C.维斯强调政策评估存在政治性，这种政治性体现在，第一，政策本身是政治的产物。政策通过政治过程来界定、讨论、立案，还要接受财政支援。因此，政策在制定和执行过程中，一定会受到来自政治活动的影响；第二，政策评估在决策支撑的过程，决定了政策评估为影响政治的本质；第三，政策评估研究中因为评估者的政治倾向而具有政治性。他认为，政策评估结果被利用的程度，取决于它在多大程度上能够满足决策过程中的政治要求。政策评估在大部分立案和政策修正过程中起到的作用不大，原因是评估只注重政策是否达到了正式目标，而忽略了政策在其他政治目的上起了多大的作用，这也说明了有些政策为何效果不佳，却还会继续执行。

因此，C.维斯认为，要正确理解政策评估，就要首先理解好政治。他提出，为了提高评价研究的效果，内部评价更有用。同时，也要把注意力集中在新旧项目的结果上，弄清研究方法上的问题以便使信息得以正确传达。还要改善评价技术和方法，使评价结果更具有可信度。但C.维斯的理论过度强调了政策评估不可避免地带有政治性，认为应该以提升政策评估效果为目的来改善政策评估，但却忽略了政策评估的客观性和正确性。不过，C.维斯的理论提高了学者对政策评估政治性的认识，对政策的政治性有着充分的理解，也是评估工作的内容之一。

（六）D. 帕隆博和 D. 纳茨米亚斯的理想的政策评价理论

D. 帕隆博和 D. 纳茨米亚斯的理论试图解决政策评估的利用率不高的现实问题。在美国约翰逊政府时期，有很多的政策和项目投入了巨大的人力物力进行评估，但评估在政策过程中的利用率并不高。D. 帕隆博和 D. 纳茨米亚斯认为，高利用率的政策评估应包括：理想的评估作用、符合决策现实的理想方法论和理想的评价者与执行人的关系。首先，理想的评估作用不是传统上决定对项目或政策的终结或继续，而是应该提高政策改善的可能性。其次，在方法论上，政治性评价比科学性评价更适合实际政策过程。政治性评价的评价重点主要在政策的肯定性结果上，将肯定性结果与政策目标相联系，并试图使得一部分政策结果获得一些利益集团的肯定。最后，理想的评价者与执行人的关系并不是完全分离和独立的，因为这会影响评价结果的利用程度。适当地提高两者之间的密切作用，评价结果妥当性程度的波动在可承受范围内是可以的。

这一理论从评估结果的利用率角度出发，从三个方面论述了高利用率评估的理想选择。但该理论过分强调了评估在实践中的可利用程度，却忽略了理论上评估科学性的重要意义。

二、创新发展政策评估理论

由于创新活动的特征和重要性，创新活动容易在市场失灵、创新系统失灵的情况下受阻，创新的效益不能达到最大化。创新发展政策重点在于疏解市场和系统失灵对创新政策的不利影响。

（一）市场失灵理论

在新古典主义经济学中，实行公共政策的条件之一是"市场失灵"。"市场失灵"主要表现在三个方面——外部性、公共物品和垄断等其他形式的不完全竞争。而极具公共物品性的创新，其在发展过程中面临很大的投入产出不确定性和创新成果收益的非独占性，因此，市场失灵在创新发展过程中尤为突出。此外，1962年阿罗（Arrow）在其《经济福利与发明的资源分配》一文中提到创新发展存在市场失灵的三个原因，首先，因为最低效率规模的存在，在完全竞争市场企业很容易采用长期最低成本的生产方式生产产品，理论上不利于创新的发展。其次，对于科研人员，他们有选择发文章或者找工作的权利，而科研人员在公共部门和私有部门投资回报是存在差异的。最后，科研人员在公共部门和私有部门的研究存在不确定的风险，公共部门和私有部门在科研中的风险不一致导致市场失灵。

市场失灵理论之一的外部性理论最初由经济学家阿弗雷德·马歇尔提出。随后在1924年，其学生庇谷用边际社会净产值和边际私人净产值来描述"外部经济"和"外部不经济"，他认为在经济活动中，如果某企业给其他企业或整个社会造成无须付出代价的损失，那就是外部不经济，这时企业的边际私人成本小于边际社会成本。1959年，纳尔逊（Nelson）首次从经济学角度论述了基础研究需要政策支持的合理性，认为基础研究具有很强的外部性，私有部门不能完全占有研发投入获得的经济利益，因此政府应该保障基础研究。这一外部性不仅体现在创新的研究开发阶段，也体现在创新成果的非独占性（王志坚，2002）。

技术创新是企业基于的发展战略以获得超额利润为目标的活动。企业需要大规模的研发投入进行知识生产和技术改造，承担失败的巨大风险。然而产出的知识或产品具有一定的公共品属性，市场其他主体可以通过对技术成果进行逆向（反求）工程，或其他手段进行模仿改进，做免费乘车者。创新发展政策就是要减少市场失灵所造成的外部性，保护创新者的积极性。

（二）系统失灵理论

国家创新系统理论最早由弗里曼（1987）提出，他在《技术政策与经济绩效：日本国家创新系统的经验》中首次提出"国家创新系统"的概念，认为国家创新系统是一种公共或私营部门中的机构网络，阐述了其活动和相互作用，并能够激发、引进和扩散新技术（詹·法格博格等，2008）。伦德瓦尔（1992）在强调系统内部各主体间的互动的基础上，扩充了国家创新系统的理论内涵，他认为，国家创新系统包括相互作用并产生新知识的要素，以及要素之间的联系和制度安排。纳尔逊（1993）认为，国家创新系统是通过其相互作用决定某国企业创新活动的一组机构。帕维特和帕特尔（1994）则将国家创新系统视为决定一国新技术学习或改变生产活动数量及质量的程度和方向的制度和机构。综上所述，国家创新系统主要包括系统中的各个机构或主体，主体之间的相互关系，以及系统内的组织和制度。

学者们认为创新系统存在失灵，主要表现在由于系统内部主体之间的利益冲突、体制机制僵化障碍、知识传播和吸收环节障碍等因素导致创新系统运行低效（阿诺德和盖，1991；史密斯，2000）。创新系统的失灵可表现为区域创新系统失灵和国家创新系统失灵，政府在创新系统内的角色在于构建完善的框架条件、消除系统中制约发展的障碍因素。阿诺德（Arnold）和盖（Guy）认为国家创新系统失灵体现在以下四个方面。

（1）能力失灵：指企业因为种种能力欠缺的原因不能做到利益最大化。例如管理能力不足、学习能力欠缺、技术理解能力和消化吸收能力薄弱等导致创新力或获取超额利润的能力不足（科恩和利文索尔，1990）。

（2）机构失灵：国家创新系统中的企业、大学、研究机构等需要良好有序运行，才能有效促进系统的创新产出，系统内的机构若由于体制机制限制而不能充分发挥效用,如大学和研究机构知识传播不畅、知识生产不力等现象是机构失灵的表现。

(3)网络失灵:具体表现为系统中参与者之间的关系问题。分为以下两类。一是合作不足和低质。比如企业和大学由于社会角色和地位不同而产生的低信任感进而导致合作不足的情况。二是"转型失灵"和"锁定"失灵,当系统内机构或产业共同体不能抓住创新的机遇进行转型进而被锁定在旧的范式中(史密斯,1997)。

(4)框架失灵:有效的创新在很大程度上依靠制度的架构、健康和安全规章、消费者的复杂需求、文化和社会价值。而这些框架背景的缺失对创新和经济发展有着负面作用。

(三)后发优势与赶超理论

赶超理论最早可以追溯到德国经济学家弗莱德里希·李斯特,他在《政治经济学的国民体系》(*The National System of Political Economy*)(1841)中,从后发国家的视角提出了经济赶超的思想。他认为,工业落后的国家要实现工业的赶超需要借助国家力量,如通过一些贸易政策或手段,保护国内工业和经济的发展。1962年,美国经济学家亚历山大·格申克龙在《经济落后的历史透视》(*Economic Backwardness in Historical Perspective*)中总结了后发国家可以通过引进先进国家的技术、设备和资金,在一个较高的起点上开展工业化,并通过学习先进国家发展历史过程中的成功经验,避免不必要的失败,快速达到较高水平的工业化阶段。1966年,美国经济学家列维在《国际关系背景下的现代化和社会结构》(*Modernization And The Structure of Societies: A String For International Relations*)中提出,后发国家在快速实现工业化的追赶过程中,短时间内需要大量的资金投入,而这种资本积累的方式需要有政府的介入。因此,通过赶超理论可以认为,后发国家要实现赶超仅仅依靠市场作用是不够的，政府在资源集聚、创新投入和扶持产业发展等方面均起到了非常重要的作用。

工业落后的国家在对工业发达国家追赶过程中存在后发优势，与这一后发优势相伴的也恰恰是双方的差距，差距越大，可利用的优势越多。但现实中，真正利用后发优势实现赶超的国家并不多，过度依靠"后发优势"也使得一些国家落入"引进—落后—再引进—再落后"的不良循环（黄宁和张国胜，2015）。但科技革命往往会从根本上改变原有科学研究和技术发展的范式，给后发国家赶超提供了重大的机遇（穆荣平，2017）。

第三节　公共政策评估的方法研究

现代政策评估方法的发展是沿着技术评估（单一评估）—道德评估（社会评估）—系统评估（综合评估）的路线发展而来的（廖筠，2007；吕燕，2012）。公共政策的评估从早期实证主义研究，注重对技术层面的事实分析，逐渐向后实证主义转变，将事实分析与价值分析相结合，将政策的公正性、社会属性等价值问题加入对政策的判断（刘会武等，2008）。D. 帕隆博和 D. 纳茨米亚斯（1983）曾认为政策评估目前的研究方法有向质量评价研究、自然询问方法或参与观察等方法论过渡的倾向。早期美国著名公共政策分析学者弗兰克·费希尔认为，作为社会科学的政策分析（弗兰克·费希尔将政策评估定义为"政策分析"或"政策科学"的应用活动）其效果甚微的重要原因在于方法论的问题。他认为，如何将定性、定量方法更好地结合起来；如何将手段和目的更好地区别开来；如何从更深入、更广泛、更综合的层面对公共政策进行反思和辩论，是政策分析未来要解决的问题。弗兰克在其《公共政策评估》中构建了二层顺序的评估方法论，首先对政策进行评估要将实证分析和规范分析相结合，事实与价值相统一，并在此基础上提出了项目验证—情景确认—社会论证—社会选择的方法论框架。该方法论是从对结果的测量，到反思结果与目标的一致性，评估政策对整个社会系统的影响，以及对社会价值的选择。

政策评估实践往往涉及多种方法组合的使用，不同的评估目标以及政策类型的评估使用方法也往往不同。本章从定性、定量的角度将常用的评估方法进行总结归纳，对方法本身在政策评估中的优势与劣势进行评判，并在文献和实践研究的基础上对其应用的场景和条件进行归纳总结。

一、定量分析方法

（一）对比分析法

对比分析法主要通过对政策实施前后政策的目标群体的变化描述来确定政策的效果。对比分析法首先要明确以下问题，第一，是否由该政策引起了这种变化；第二，考虑其他可能引起该变化的方面；第三，如果没有该政策，这种变化会不会发生；第四，改进的程度或规模是否说明政策的成本是值得的（邵颖红和黄渝祥，1999）。简单的对比法包括特定考察指标在政策实施前后的对比，即"前—后"对比、"投射—实施"对比，以及"有—无"政策的对比分析。尽管三种对比法都通过尽可能精确的方式来测量政策前后政策目标群体的变化，从而达到考察政策效果的目的，但始终不能完全排除政策执行过程中其他可能影响政策的因素。

"有—无"政策对比分析，也称"实验法"，在实践中较为常用。评估者通常选取除政策影响因素外，其他因素与政策实施对象相近的地区或群体等作为对照样本。然而这种方法也存在一定的局限性，包括选取的样本具有一定的主观性，不同样本不同的本质属性会给政策效果的测量带来误差等（李志军，2016），许多学者采用双重差分模型做实验对照。

其中对比法的自身"前—后"对比可以采用反事实法实现。反事实法是对比法的一种，它假定在政策不实行的情况下，预测被评估对象的一般表现，将预测值与政策实施后的实际观察值进行对比，得到政策的实际效果。反事实法由美国经济学家罗伯特·福格尔（Robert W. Fogel）提出，在其著作《铁路与美国的经济增长：计量经济史学论文集》中，他运用反事实法对"如果1890年的美国没有铁路，美国的经济会怎样？"这一问题进行的回答，研究结果对当时将美国经济繁荣归功于铁路的舆论进行了有力的反驳。一般的评估方法不能有力说明评估对象的变化来源于特定政策的实施，反事实法试图最准确地衡量政策的作用效果，规避了其他可能因素对评估对象的影响。反事实分析法在实际应用中最重要的一项工作是找到与受政策干预个体（评估对象）在其他方面具有相同公共因子的未受政策干预影响的个体，而这些公共因子正是驱动两者有着相似的发展轨迹的可能因素。

王利辉和刘志红（2017）基于反事实的方法对上海自贸区的地区经济效应进行了评估。运用面板数据和合成控制阀，将自贸区成立前后主要经济指标的实际值与"反事实"值进行对比分析，得到了相应的实施效果和评价结果。刘自敏、杨丹和冯永晟（2017）利用微观调查数据，估计阶梯电价下的价格需求弹性，并通过反事实分析，对中国阶梯电价政策进行评价。反事实分析在实践运用时通常要结合回归分析法、时间序列法、方差分析法等对数据进行处理和运用。同时，反事实分析的假设条件要具有可行性，必须建立在严谨的理论基础上，且要将问题置于复杂的社会系统的背景下（强舸和唐睿，2012）。

（二）相关性分析法

相关性分析法是考察评估客体的某些指标与政策变量之间关系的方法。一般情况下，考察的指标如果向政策目标希望的方向变化，则政策在一定程度上是有效果的。如果没有按照政策目标的方向与政策变量呈现相关变化关系，则政策是没有效果的。相关性分析通常是在政策执行前后的大量数据的基础上，采用SPSS、STATA等软件，利用回归分析法建立某些指标受其他指标变化影响的函数关系。相关性分析法是考察因变量和自变量之间数量相关关系的一种定量评估方法。

陈远燕（2015）对某市加计扣除政策的实施效果做了实证分析，在企业纳税数据的基础上，构建了政府对企业R&D资助与企业R&D投入的回归分析模型，并得出政府对企业研发支出加计扣除的税收激励对企业R&D投入的激励是有显著正向作用的，且激励每增加一个百分点，企业R&D投入增加的概率就增加4.765个百分点。

（三）综合指标分析法

综合指标评分析是一种综合利用多指标综合指数的方法，通过选取有一定代表性的评价指标并按照一定的权重综合起来，从而得到一个综合的评价，评价结果通常以分数或者等级形式出现。综合指标分析法适用于对多个目标进行评估，并且有等级或排序等同类比较要求的情况。综合指标分析法一般分为以下步骤，见图2-1。首先，将评估目标分解，确定可获得的评估要素，并预估评估结果和评估成本。其次，确立评估要素集。如果评估各要素的重要性不同，需要确定各要素的权重并建立要素权重集。再次，建立评估指标集，以主观或客观方法给指标定权，并通过主观或客观方法对指标进行赋值打分。最后，形成评价结果和相关意见。其中，综合指标评价法涉及的具体方法和工具也因具体评估案例不同而不同，如获得数据后对数据的处理方法、指标权重的获得方法等均需要进一步选择使用。

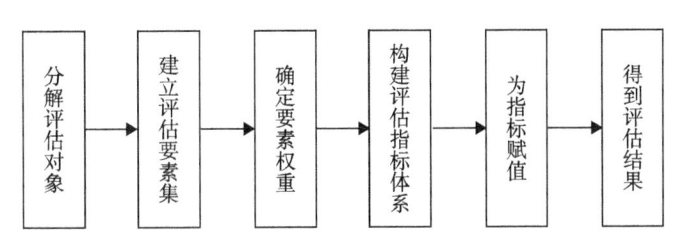

```
分解评估对象 → 建立评估要素集 → 确定要素权重 → 构建评估指标体系 → 为指标赋值 → 得到评估结果
```

图2-1 综合指标分析法的一般路径

资料来源：笔者绘制。

综合指标分析法在实践中的运用颇为广泛。綦良群等（2010）通过分析高技术产业政策的动因，对高技术产业政策的评估分别从事前、事中和事后三个方面按照一定的评估标准，并建立评估的指标体系。赵莉晓（2014）在公共政策评估的逻辑框架的基础上，分析创新政策的特点，在事前、事中和事后三个阶段构建了一套系统综合的创新政策评估的指标体系。此外，广东省首批战略新兴产业发展专项资金的绩效评估，在企业自评、专家现场评价的基础上，省财政厅构建了支出绩效评价指标表的四级指标框架，并最终核定该专项资金使用绩效得分和绩效等级。综合指标分析法的特点在于可以将对评估对象的要求进行统一综合的考量，并且评估结果数量化后很直观。但是该方法掩盖了评估客体的个性化差异，对单一评估客体缺乏横向或者纵向的对比，综合而概括量化结果缺乏有力的解释意义。

（四）行为增量测量法

国外的学者们认为，创新政策的政策评估可以通过对投入增量（input additionality）、产出增量（output additionality）以及额外行为（behavioral additionality）的测度进行评估（梅特卡夫和乔治奥，1998；奥提欧等，2008；布塞雷特等，1995）。投入增量的测量可以用来讨论公共部门的补贴使得企业维持一个多大的研发投入水平，由此来判断公共资金带来的是促进还是对研发投入的一种替代。产出增量则可以用来测量由于财政资助而产生的创新产出的增加，即没有该资助就不会产生的产出（乔治奥，2002）。20世纪90年代后期，创新政策评估研究从过去关注政策对目标群体的影响和效果，向关注政策如何改变目标群体的行为转变，并且关注这种改变是否具有持续性（约克和阿德勒，2012）。行为增量（Behaviour Addtionality，BA）由布塞雷特于1995年首次提出，政策支持会引导企业行为的形成，而这些由于和政策互动形成的行为就称为"行为增量"。乔治奥（2002）认为，投入和产出增量都忽略了一个重要的方面，即企业自身学习行为的形成，这本身也是长期促进投入和产出增加的因素，并且创新政策的影响和作用不应该只是改变企业针对一个项目的暂时行为，而是改变企业行为习惯。有学者认为行为增量是衡量创新政策效果的有效手段，创新政策的干预使得创新系统中的各个主体产生了额外的行为，而这种行为的改变程度以及随着时间的延续发展程度是政策成功的标的。Bart等（2009）通过Heckman模型对某一地区700余家接受政府R&D补助的企业和96家没有申请成功的企业作比较，（分高、中、低技术三档，注意企业规模差异对调查问卷以及问题设计的影响），通过调查问卷及企业为问题打分的方式，构建BA与学习能力指标的联系，最终证实了政策推动企业学习最终实现一些行为的改变。

（五）文献计量法

文献计量法是情报学、数学和统计学交叉结合的研究方法。以文献体系和文献的计量特征为研究对象，采用数学、统计学等计量方法，对文献群实体自身运动变化规律的研究（季淑娟等，2011）。文献计量法通常被应用在对基础研究的评价中，对学术产出、学术影响、学术创新与交流等方面的评估都有很重要的作用。如以发表的具有国际影响力的期刊论文数量和发表文章的被引次数为指标评价学术成果的影响力。但学者们逐渐认识到，首先，文献计量法在一定程度上促使评估对象将工作重点转移到提高硬性指标上，为指标而指标，忽略了本职工作的意义。其次，被统计的文献并不能完全反映文章的真实质量。但目前在基础研究成果评价方面，文献计量法仍有其不可替代的优势，在评估实践中，人们越来越多地将文献计量法与同行评议或内容分析法相结合、定量与定性方法、主观与客观方法相结合，克服文献计量法的不足（黄宝晟，2008）。鉴于科学研究和技术产出的联系越来越紧密，越来越多的学者将文献计量与体现成果产出的另一维度——专利同时进行考察，就"专利—文献"的引用关系进行统计分析。希克斯等（2004）发现，1977年到2000年，受美国政府委托的项目或政策评估中，在使用纯文献计量、专利计量和专利文献联系的计量方法使用中，专利文献结合计量学评估占比越来越高，在1993—2000年达到50%的比重。

（六）成本收益分析法

成本收益分析法是指决策者在对项目的投资价值进行分析时，将未来所有与投资活动相关的内部正、负的现金流按照真实利率（考虑通货膨胀率）进行折现，并用一些关键性的指标来评价和选择投资项目或者方案的评价方法（李强等，2017）。成本收益分析法借助货币分析的共量性直观反映决策成本与收益的关系，最大限度克服了价值的不可比性，使抽象复杂的因素数量化而利于比较分析。成本收益法在政策评估中，能够使政府部门更详细地了解各种价值的含义，进一步明确政策的显性和隐性成本。

在实践应用中，成本收益分析法需考虑将不同时间产生的成本和收益折算到同一时间点。通常采用净效益、收益成本比、投资收益率、增量费用效益比等指标来衡量政策的效果。成本收益分析不仅包括所有利益相关者的投入产出效益，还包括间接效益、无形效益等不可计量的效益，对于不能计量的无形收益，可以结合定性分析完善评估结果。因此，成本收益分析法在衡量一些难以量化、不确定、变化的因素时存在先天不足。此外，成本收益只能说明政策在货币层面的结果，忽视了社会价值观和政治语境的影响，不能完全作为政策评估的结果，成本收益分析可以作为政策评估重要的信息支撑。

于良春和丁启军（2007）对自然垄断产业的进入管制进行了成本收益分析，构建了由政府进入管制的管制费用、社会福利损失、被管制企业成本增加等指标组成的成本收益分析框架，根据经济学一般理论以及经验数据对中国电信业管制后的指标进行预估算，最终得出政府管制的成本约是收益的2.07倍。在政策结果的量化方面，法国斯特拉斯堡的路易·巴斯德大学经济技术与应用局（BETA）的研究人员在研究与技术开发（RTD）计划评估方面创立了BETA的方法，该方法的重点在于将经济效果定义并量化。该方法主要用于对公共RTD计划进行评估，并且这些计划获得了一定的经济成果。BETA将效果分为直接效果和间接效果，直接效果是和项目目标有直接关系的效果，如新产品的销售等，间接效果分为技术效果、商业效果、组织和方法效果以及人力资本提升等。具体分类可见表2-1。评估通过对项目参与者抽样与调研等方法进行信息收集。

表2-1 效果与量化

效果类型	一级子项	二级子项	量化因素
直接效果	——		销售/降低成本
间接效果	技术效果	产品技术转移	销售/签署新的研发合同
		工艺技术转让	降低成本/签署新的研发合同
		技术服务转让	销售/降低成本
		专利	专利成本（代理值）

续表

效果类型	一级子项	二级子项	量化因素
间接效果	商业效果	网络效果	销售/降低成本/签署新的研发合同
		品牌声誉效果	销售/降低成本/签署新的研发合同
	组织与方法效果	项目管理	降低成本
		其他方法	降低成本
		组织结构	降低成本/销售/签署新的研发合同
	技能培训	——	相当于工资/人时（代理值）

资料来源：Philip Shapira，Stefen Kuhlmann，科技政策评估——来自美国与欧洲的经验[M].方衍，邢怀滨，等译.北京：科学技术文献出版社，2015.

二、定性分析方法

（一）同行评议法

同行评议是指由从事该领域或接近该领域的专家来评定一项工作的学术水平或重要性的一种机制（李强 等，2017）。同行评议起源于300多年前的英国，同行评议当时用来请同行专家审查体现研究成果的文章，并负责刊登。经过几百年的发展，同行评议的应用越来越广泛，发展更加完善。目前的同行评议一般包括通信评议、专家组会议、通信与专家组结合和实地考察几种（吴述尧，2002），同行评议主要应用在以下五个方面：（1）评审科研项目申请；（2）评审科学出版物；（3）评定科研成果；（4）评定学位与职称；（5）评议研究机构的运作（郭碧坚和韩宇，1994）。同行评议在美国自然科学基金委和我国国家自然科学基金委使用颇为广泛，世界各国的基金委员会或拨款机构普遍采用同行评议法决定资助哪些课题（评审），评估研究课题的进展（检查），以及评估课题的研究结果（绩效）（李强 等，2017）。在科技创新政策评估中，同行评议广泛应用于多种类型的价值判断，如对科研机构学科布局、科研人员职称评定、出版物的质量或价值评议、科研机构的声望评议、资助个人或者资助领域的选择、论文发表、科学奖励授予、科研项目的申报等，其作为一种定性评估方法，操作较为简便，评估结果易于使用。

同行评议法仍存在一些不足，群体决策时容易受到如马太效应[①]、光环效应[②]等的影响。同行评议是专家的主观判断，因此专家在评议时，可能会受到评估对象的成就、身份、地位等因素的影响直接决定同行评议结果的公正性，以及其他专家的权威影响。此外，专家们通常具有相似的思维定式和科学范式，致使同行评议具有"排斥创新"的致命缺点（李志军，2016）。马强和陈建新（2001）论述了同行评议运用在科学基金项目管理绩效评估方面的特点，认为同行评议专家具有敏感直觉、群决策方式以及评估周期短等优势，可以使同行评议成为科学基金项目绩效评价的基本方法。同时，同行评议在实践应用期间，可以结合德尔菲法收集专家意见，并使用层次分析法分解评估问题，将专家意见结果量化表达。

（二）访谈法

访谈法是根据评价者的需求，通过与专家或利益相关者的谈话，从受访者所提供的事例和观点中获取与评价对象有关的信息。访谈法通过面对面交流的方式，可以确保搜集到的评价相关数据的数量和质量。相对其他一些方法来说（如问卷调查、计量经济分析），访谈法具有调研针对性强、范围小、花费时间和经费少、易操作以及可行性高的特点。但访谈法适用于调查对象较少的情况，面对调查对象过多的情况时，调查

---

① 马太效应是指强者越强、弱者越弱的一种现象，广泛运用于社会心理学等领域。最初来源于《马太福音》中的一则寓言，在《老子》第七十七章中，"人之道，则不然，损不足而奉有余"也有所体现。后也用来解释社会两极分化等现象。
② "光环效应"也称"晕轮效应"等，指人认知上容易出现根据已形成的固有印象，将这种认识扩散到其他方面的爱屋及乌的现象。

问卷的方法更为便捷和高效。另外，访谈法也不适于对敏感问题的调查，被访谈者往往在面对面时不愿讨论敏感问题。访谈法在具体操作中根据被访谈对象数量又可以分为个人访谈和群组访谈。根据访谈的标准程度，可以分为标准化访谈、半标准化访谈和非标准化访谈等方式。访谈法遵循一般的访谈流程，如图 2-2 所示。在访谈的准备阶段，提问者应充分了解政策的相关情况，根据要调查的内容拟定访谈提纲；与访谈对象做访谈前的沟通工作，说明访谈内容。正式访谈可以结合其他方式的追问与讨论进行补充，并做好相应的访谈记录。

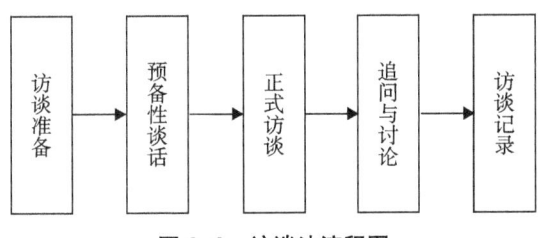

访谈准备 → 预备性谈话 → 正式访谈 → 追问与讨论 → 访谈记录

图 2-2 访谈法流程图

（三）实地调研法

实地调研是到调查对象所在地进行信息搜集的一种方法，实地调研法为政策评估者提供了实际去接触了解政策的渠道。在实地调研的过程中，评估者能够通过在真实场景中观察、询问等方式，获得比其他方法更全面细致的信息，能获得最多的一手信息。但是实地调研的方法需要评估者亲自到现场，花费的时间、资金成本较其他方法较高。实地调研的信息也需要进行过滤和筛选，评估者要注意现场获得信息的偶然性与真实性，并对这些信息进行甄别。实地调研根据调研对象的数量和调研目的可以分为普查、抽样调查和个案调查。我国 2015 年推出的"全面创新改革试验区"政策评估主要采用实地调研的方法，评估组对试行全面创新改革的地区进行逐一调研，对政策涉及的单位、企业和政府进行考察，围绕评估目标与政策相关问题开展调研评估。

座谈法也是在实地调研过程中常用的一种方法。与政策的利益相关者通过座谈的方式对相关问题进行讨论，是获取政策信息最直接的方式之一，也是评估者能够与相关利益者充分沟通交流的方式之一。将不同利益相关者集聚在一起，评估者可以听取不同利益群体对同一问题的意见，从而对政策问题有更深、更广泛的认识。

（四）案例分析法

案例分析法是通过对相关案例研究，得到一些结论或假设，并作为进一步研究的基础。案例分析法通常是研究在缺乏足够经验和理论的情况下，通过对多个案例的分析以获得研究对象的普遍特征，从而对一个问题有更加深刻和全面的认识（李建明，2004）。在政策评估中，案例分析法一般选取受政策影响的典型案例，通过对案例进行详细调查分析，找出该案例受政策影响情况，具体评述相关主体对政策的反应，然后由个体推广到一般情况，分析导致不同政策结果的原因，提出改进建议。此外，案例分析法要注重案例所处背景和是否具有其他特殊性，对不具一般性的案例分析，得到的经验和结论也会有所偏差。

（五）利益相关者分析法

利益相关者是指政策活动中的影响者或者被影响者。政策活动一般涉及多个主体，不同的参与主体的动机、优势、劣势和诉求均不相同。政策作用的目的从某种程度上看也是为充分调动政策过程中所有参与主体的积极性，理顺各参与主体的需求与供给，是在平衡各参与主体之间的利害关系后，使所有参与主体充分发挥自己的优势，且在满足自身需求的同时，最大化实现政策目标的过程。利益相关者分析法是政策过程分析中常用的方法，政策评估同样需要通过利益相关者分析对政策制定和执行过程中的关键问题进行识别，进而判断政策是否有效地解决了这些问题，并针对相关问题提出政策仍存在的不足，为后续政策制定提供经验（蔺洁，2015）。

三、其他方法

（一）文献研究法

文献研究法指在评估前对评估对象的信息搜索与文献查询研究，以更深入地了解评估对象的方法，是最基础且用途最广泛的资料搜集方法之一。在很多政策评估研究中，由于其他方面的限制而不能开展调查时，文献研究可以作为评估最基本的依据和支撑。文献研究的特点在于，首先，调研的文献能够做到时空分布广泛，既可以做竞争对手之间的横向对比，也可以做时间序列上的纵向对比，能够将被评估对象放置在一个更为广泛的时空范围内考察；其次，文献研究在几乎所有的方法中成本最低，也是最快、最便捷了解评估对象的方法；最后，文献研究法相对于其他方法如问卷调查等，对外界条件要求最低，受因素干扰最少（李强等，2017）。该方法在很多评估实践中被忽略，文献准备工作做得越充分，就越能对评估政策和问题有更深刻和广泛的认识，评估结果的准确性就越高。文献研究在实践运用中经常与其他方法结合使用。欧洲创新政策评估组织Technoplise对德国的高技术支持基金[①]（HTGF）政策进行评价时，首先做了文献研究工作，将德国初创期金融市场的发展情况与选定的几个欧洲国家进行分析对比，并在文献工作的基础上，对年轻创业者、金融机构负责人及其他利益相关者进行访谈调研以及进一步的问卷调查工作。

内容分析法也是文献研究工作的一种，它是通过对文献或政策内容进行分析而得出结论的一种文本分析方法，最早起源于新闻传播学领域研究。著名的《大趋势》是由美国的未来学家约翰·奈斯比特通过

---

① 该基金旨在刺激德国种子期金融市场活力，从而为高技术初创企业营造良好的经营环境。

内容分析法，考察了美国历史动态并预测了未来发展趋势（邱均平 等，2004）。随着计算机技术的普及，内容分析法在其他领域也有着越来越广泛的应用。相对于文献研究法，内容分析法更加强调人为介入和主观判断。它依靠计量的方式做定性研究，是一种定量和定性相结合的方法。

（二）问卷调查法

问卷是指调查者根据调查的需求和目的，设计出一组问题的集合来向受访者收集信息的一种工具。在政策评估的过程中，问卷调查法是一种从同行专家、管理者、决策者以及其他利益相关者处收集关于政策评估所需的相关信息，并进行专家评议的常用方法。问卷调查法的优势在于能够突破时间和空间的限制，对众多调查对象同一时间进行调查，并且调查问卷可以同时包含定性问题和定量问题，方便对信息的灵活收集和应用。而问卷调查法也有如下缺点，如相对于访谈法面对面的沟通，问卷调查不能针对已获取信息进行及时深入的挖掘，在信息获取方面缺乏一定的弹性。评价结果的有效性取决于问卷调查所收集数据的效度和信度。因为所有的数据收集和分析都是建立在评价对象被有效观测的基础上，如果此假设不成立，那么评价结果则没有任何意义。因此，评价者在设计调查问卷时，需要着重考虑问卷的设计要充分体现信度和效度。

第四节　理论与方法述评

通过对公共政策评估和创新发展政策评估的理论和方法的研究总结，本章认为，政策评估理论强调了在内在动力机制、外部社会要求等多方面要求下，政策评估要成为提升决策质量、改善内部管理的重要手段。在创新发展领域，市场失灵理论、系统失灵理论、后发优势与赶超理论等从市场、系统和国家竞争力的角度解释并强调了创新发展政策的重要性，以及政策未能起到预期效果的情景。还有学者从实际出发，提出了政策评估理论发展应与实践需求充分结合的发展方向。以上政策评估理论丰富了本书研究对政策和创新政策评估的理论认识，对评估的实践有较强的指导意义。

综合以上政策评估方法，本章认为评估方法可以分为三类，定性方法、定量方法和其他方法。其中，定性方法包含同行评议法、访谈法、实地调研法、案例分析法和利益相关者分析法等；定量方法包括对比分析法、相关性分析法、综合指标分析法、行为增量测量法、文献计量法和成本收益法等；其他方法主要指评估的信息收集方法，如文献研究法、问卷调查法等。本书并没有穷举所有评估方法，可以用作评估用途的方法还有很多，比如，在综合指标分析法中，数据使用的过程还包括数据预处理的方法、权重的确定方法等。此外，还有越来越多的大数据分析方法、社会网络分析方法等新兴和跨学科方法也被逐渐运用在评估实践中（王慧中，2018）。

政策评估方法是多种方法相结合的，定量方法重视对数据的运用，更加客观；而定性方法则更注重评估者的主观价值判断。政策评估既离不开客观数据的支撑，也离不开评估人员的价值判断，因此评估方法同时包含定性分析和定量分析，则评估结果会更加丰富，更有说服力。评估方法的选择要根据评估对象的特征，评估的目的和所能获取的资源等诸多因素，结合不同方法的优势和劣势，对评估的政策才能有全面的认识。

第三章

创新发展政策评估的三维框架

第三章 创新发展政策评估的三维框架

本章在文献综述和评估方法研究的基础上,从评估对象、评估目的和评估方法三个方面展开,构建了创新发展政策评估的三维框架,并对该三维框架的组成和特点等进行详细论述。

第一节 创新发展政策评估的三个要素

本书认为,创新发展政策评估的三个重要因素分别为评估对象类型、评估目的和评估方法。首先,评估对象类型构成了评估的基本条件,不同复杂程度的政策需要不同的评估方法,评估的重点也不尽相同。其次,评估目的是评估的根本出发点,是指导政策工作的原则和评估工作的基础。最后,评估方法是评估工作的关键工具,评估方法的选择既要依据评估的需求和不同政策类型的特点,也要考虑所能够获取的资源。评估目的决定了评估应采取哪些评估方法,并且对于整个评估工作的评估标准也有着决定性影响。评估方法的优良与否直接决定了评估结果的可靠性,不同的评估方法得到的结论也不尽相同。评估工作者需要甄别不同方法对评估结果的影响,因此评估方法需要根据具体目标和实际需要而仔细选择。

一、政策评估对象

单一政策是由一种政策工具构成的政策,政策目标相对明确,如针对高技术企业的税率优惠政策、税收减免政策、促进自主创新产品入市的政府采购政策、针对科技型中小企业贷款担保政策等。

政策组合是为解决一个相对复杂的问题，由多个政策构成的组合。如各地区在吸引人才落户的政策上，综合运用各种政策工具满足人才落户在该地的需求，如人才户口、家属安置、医疗、项目经费等方面的政策工具，围绕人才落户的一系列政策可以称为"政策组合"。又如在2015年全面创新改革试验区政策中，各地为提升各地区创新主体的创新能力在实践过程中纷纷出台了多种政策工具组合，如研发投入的财政后补助、知识产权三审合一、人才落户等。

政策体系是更为全面和复杂的政策的集合，用来解决包含多个环节和领域的系统问题，构造了整个系统的政策和制度环境。连燕华（1999）认为，技术创新政策体系是一个国家为促进技术创新活动，规范技术创新行为而采取的各种直接或间接的政策与措施的总和，是涉及技术创新活动的各种政策的有机组合而形成的政策体系。在政策的范围内界定了技术创新体系是科学技术政策与产业政策和其他政策相关政策的结合，涉及与技术创新有关的科学技术政策、金融财税政策、人才与就业政策、社会发展政策、教育政策、资源环境政策、产业政策和外交与国防政策。刘华和周莹（2012）提出，政策系统是不同层面和类型的政策子系统构成并耦合而成的一个复杂系统。他们认为，各决策部门由于分工不同和关注的社会层面不同，使得部门政策的功能各有所侧重。OECD（2007）工作组将国家创新政策体系概括为教育、知识产权、金融、教育、市场竞争、公司治理、金融创新、知识产权保护、技术标准和政府采购等领域的创新政策。

通过对评估理论和实践的研究，本书认为三种类型的政策在评估内容、评估周期等方面有所不同。

在评估内容方面。单一政策具有目标明确、结果较易测量、作用领域和范围有限等特点。因此,对单一政策的评估通常更加明确,更重视对政策结果的评估。并且多数单一政策评估的结果是可以量化的,有比较的。政策组合在实际评估中,其政策目标较单一政策内涵更丰富,范围更广。如国家为促进知识产权的完善和发展,截至2016年,已经有30多项政策出台(宋河发 等,2016),涉及知识产权的创造、运用、保护和管理的各个环节。因此,其在实际评估当中,通常将知识产权整体的发展情况作为主要评估内容,同时,也要对国家知识产权的发展水平和国际中的地位影响进行评估。国家或地区的创新政策体系涉及的范围更广,需要对组成创新系统的政策框架和制度条件进行评估,政策体系涉及多个细分领域,并且,在评估过程中,更多的是发现政策体系存在的问题,弥补政策框架的不足。OECD下属的科学、技术与创新理事会(DSTI)2012年对瑞典国家创新政策进行了第三方评估,寻找瑞典国家创新政策体系中的关键因素和动力机制,帮助政府进一步采取更有效的政策手段。2016年瑞典再次接受OECD的评估,作为对上一轮评估的跟踪,并在评估中总结国际经验和教训(高桂娟,2016)。通常,周期性国家创新政策评估可作为对国家创新政策情况的跟踪和监测。已有多个机构和研究专注于创新系统的绩效,涉及国家创新政策体系的评估,如欧洲创新记分牌(European Innovation Scoreboard,EIS)、世界知识产权组织的全球创新指数(Global Innovation Index,GII)等,均以定期综合指标评定的方式为国家的创新系统情况进行打分和排名。

在评估周期方面。单一政策作用直接,政策对象容易在短时间内对政策作出反应,从而形成一定的政策效果,因此短周期的评估对单一政策有一定的指导意义。而从长期来看,政策参与者的行为模式会趋于稳定,并且政策作用效果会受到多种因素的干扰。一方面,对政策对象行为的引导和改变不稳定；另一方面，政策环境的变化或其他方面的影响，尤其是对于创新发展政策，单一政策的作用力会更显得有所不足。相较而言，政策组合效果的中长期评估更有说服力。因为在多种政策工具的共同作用下，政策对象更容易形成稳定的行为模式，从而产生比较显著的结果。评估政策组合的效果需要长周期才能够体现。一是由于多种政策工具需要时间磨合才能充分体现政策效果；二是政策对象行为模式的形成和稳定性产出都需要较长的周期才能体现。国家或区域创新政策体系的作用和目标都是强调在相当长的一段时间内提升国家或区域的创新能力，因此应更加着眼于未来。创新政策体系复杂庞大，需要从长期的发展战略出发，政策相互之间的作用需要更长的周期才能体现。创新政策体系的目标更加难以量化，所评估的更多是政策的综合表现。因此，创新政策体系的评估最为复杂，评估所需要的周期也最长。

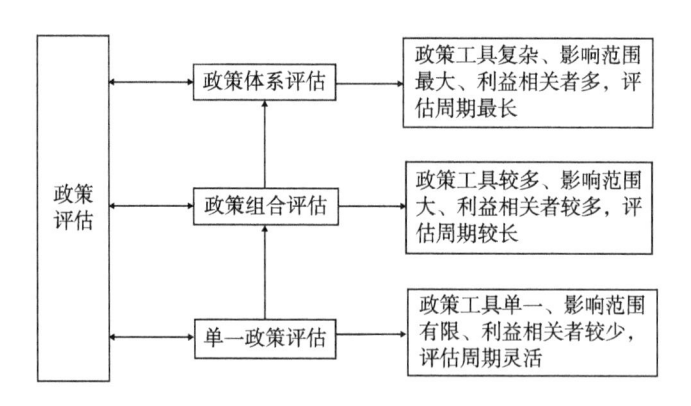

图 3-1 政策评估的层次分类

资料来源：笔者绘制。

二、政策评估目的

政策评估作为政策过程中的一环，其基本的职能是管理，具体在不同的评估实践中，评估目的又可以细分为多个不同的种类。李允杰和丘昌泰（2008）将政策评估目的分为以下五类：（1）提供政策绩效的信息，以提升政策品质；（2）重新检视政策目标与政策执行的妥适性；（3）厘清政策责任的归属；（4）作为拟定政策建议及分配政策资源的依据；（5）提供给决策者、执行人员与相关民众政策信息。王再进等（2011）认为"国家中长期规划"的评估有以下三个目的：（1）强化地方及有关部门的落实政策的责任和压力，提高政策的执行力和兑现度；（2）全面深入的调查可以及时发现政策及其落实中存在的问题和障碍，便于更好地推动政策落实；（3）判断政策是否达到了预期效果，反观政策制定目标相关性，决定政策是继续、调整还是终结，并为新政策的制定提供借鉴的依据。白常凯（2004）认为政策评估的目的有以下三个方面：（1）通过评估了解一项政策的特点、优点和缺陷，明确一项政策的效果和效益；（2）为政策的下一个环节提供决策支撑和判断依据；（3）提升政策的价值。豪利特和拉米什将评估分为行政评估、司法评估和政治评估三个大类，总结不同分类的目的如下：（1）行政评估的目的主要在于检查政策的效率和有效性等经济指标；（2）司法评估的目的主要在于评估政策的合法、合理性，以及在此过程中一切与法律有关的问题等；（3）政治评估的目的则在于支撑或者挑战当前政策，这种评估往往具有很强的政治目的。王雪梅和雷家骕（2008）认为政策评估的目的分为结果导向、原因分析、促进学习、决策支持，然而政策评估的最终目的是完善该项政策，并为相关政策的制定提供借鉴。

本章在已有文献研究和实践经验基础上认为，政策评估的目的应根据不同的利益相关者对政策评估的需求进行分类。政策制定者和执行者多从对政策的经济性、实现程度和内部管理角度出发，对政策实施过程中的问题、政策的效果、效率和影响更感兴趣。政策对象则更关注政策的实际结果和落实程度。其他利益相关者可能会从各自的政治和经济角度出发去考察政策的合法、合理性或成本收益等方面。综上,本文将政策评估的目的分为政策效果评估、决策支撑、监督管理、合理合法性评估和其他政治目的的评估。

(一)政策效果的评估

政策效果的评估主要衡量政策在多大程度上实现了政策目标,政策实施结果的影响,政策对经济、社会的改变程度,以及政策对象的满意程度等内容。对政策效果的评估是评估最基本的目的之一,也是反映该政策成功与否的直接标准。影响政策效果的因素有很多,如政策本身的设计不合理、政策执行不到位和其他外界因素等。

此外,对于政策效果的评估,还与评估周期有直接的关系。政策制定者或执行者对政策评估的需求往往受限于政策的短期影响,短期内有明显变化的指标如 GDP、专利等的显著改变会成为政策制定者政绩的直接体现,相比政策的短期影响,政策的长期影响往往容易被政策评估主体,尤其是内部评估的主体忽略,并且这种现象常发生在政策制定或执行者有业绩压力和考核要求的情况下。因此,为了更好地并全面地评估政策的实现程度以及对经济社会的影响,政策评估应尽量拉长政策作用的周期,更多做长期的效果评估,让政策的各个主体充分发挥作用,政策与市场充分互动,政策的效果也逐渐显现出来,相应政策的评估才更加充分、更有说服力。

(二)政策的决策支撑

决策支撑功能是政策评估的主要目的之一,也是政策制定者检验政策、改进和发展政策的主要手段。首先,评估者通过评估能够发现政策制定、执行过程中的问题和影响政策成功实现的多种因素,而这些问题的发现对政策继续实施、调整、暂停还是终止都有重要的指导价值,对决策质量的提升有着重大的意义。其次,对一项政策的综合评估往往涉及政策多个方面，其中成功或失败的经验往往成为其他政策制定的依据，如长期以来政府补贴对创新投入效率的促进作用非常有限，不仅对私人投资产生了一定的挤出效应，同时还让企业产生了某种程度的依赖性。因此，在后续鼓励创新的财税政策中，补贴这一形式慢慢改变，逐渐通过税收减免来刺激私人投资、以引导基金来撬动社会资本等，大大提高了财政资金的使用效率。最后，由于决策质量的改善显著提升了政府管理绩效和管理效率。政策评估作为政策过程的重要环节，因其决策咨询作用，贯穿了整个政策闭环。

（三）政策的监督管理

对政策的监督管理也是政策评估的主要目的之一。在政策执行过程中，对各个主体的参与情况进行实时监管，是有效管理政策运行和实施的重要途径，能够对政策的参与主体实现行为激励或行为约束的目的，使之积极履行政策所赋予的权利和义务。此外，公共部门绩效评价与管理在提高公共部门管理效率和效力方面也有着重要的作用。20世纪60年代后，政策评估逐渐成为政府开支监督、促进政策成效的重要工程（邓剑伟和樊晓娇，2013）。因此，对政策的监督管理，包括对政策经济性和效率的监督管理，是政策评估的重要目的之一。

（四）政策的合理合法性评估

政策的合理合法性评估，是指评估主体在评估过程中发现政策在设计理念和执行过程中存在的问题后，对政策本身的合理合法性及时给予判断。如政策工具分布的合理性、政策是否针对解决问题过程和难点，以及政策制定和执行过程中对上位法以及与其他法律和政策的冲突等。政策的合理合法性评估需遵循一定的价值和事实标准，如在支持某行业创新发展时，政策是否满足普惠性的标准以及是否因为政策的原因造成了市场的不公平竞争。还比如在政府采购政策评估中，还需考虑政策的干预手段是否符合国际上通行的一般准则,如 WTO(世界贸易组织)政府采购协定等。

(五)其他政治目的的评估

除上述目的外,政策评估还存在其他目的。如有些政策评估不是为了改进政策,而是通过评估结论来证明政治业绩,以巩固官员自身的政治地位,或者否定他人的政治成果以达到攻击或推翻他人统治的政治目的。西方国家历史上曾经有政策评估被政治家用来佐证或否定一项政策的事例,尤其是在政权交替时期。

三、政策评估方法

本书第二章对公共政策评估方法进行了详细的研究。创新发展政策的评估方法来源于一般公共政策评估,根据不同的政策类型和评估目的,政策评估的方法也有不同的选择,主要分为定量方法、定性方法以及资料收集和数据处理等方法。

首先,获取资料和数据是政策评估的基础,评估工作组可以根据实际情况选择通过直接或间接的方式获取评估所需的相关信息和资料。在条件允许的情况下,对被评估政策中的利益相关者进行面对面的直接沟通,以获取第一手资料,或者通过问卷调查等方式,科学合理设置调研问题,并对数据和相关结果进行处理,得出评估的一般结论。

其次,定量评估方法更多从数据方面来解释和评估政策,通过数据的结果对政策形成直观的认识。越来越多的计量经济学研究方法被应用在政策评估中,在测量政策结果时更为精确。从数据调查统计,到数据分析比较,定量评估方法通过对数据的运用,对评估起到了重要的支撑作用。

最后,定性分析方法更多融合了评估工作人员和参与评估专家等的主观分析和判断,得出的结论融合了评估者的经验和价值观。定性分析方法充分补充了定量评估方法的不足。在评估实践中，充分结合定性和定量方法，充分发挥各自优势，取长补短，政策评估的准确度就越高，评估的结论也就更加真实和丰满。

第二节 创新政策评估的三维框架

本书构建了一个包含评估对象、评估目的和评估方法的综合系统的创新政策三维评估框架。其中，以评估对象为 X 轴、评估目的为 Y 轴、评估方法为 Z 轴。评估对象根据评估政策的工具数量分为单一政策、政策组合和政策体系。Y 轴将政策评估目的分为：效果评估、决策支撑、监督管理、合理合法性评估、其他目的等。Z 轴上关于政策评估的方法有很多种，其中主要包括定量方法和定性方法。定量方法中，如综合指标评价法、反事实分析法、模糊评价法等，常用的定性方法包含访谈法、同行评议法、实地调研法等。构建的评估对象—评估目的—评估方法的三维模型（一般性框架）如图 3-2 所示。

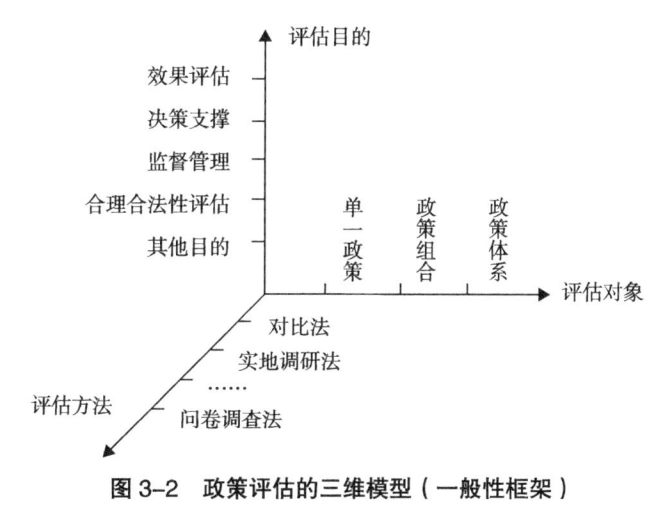

图 3-2 政策评估的三维模型（一般性框架）

资料来源：笔者绘制。

根据创新发展政策评估的三维框架，政策评估的工作应首先根据具体评估需要和评估对象的政策类型确定评估目的，再依据政策类型和评估目的，以及在现有资源条件下，寻找适合的评估方法，充分发挥方法的优势，规避方法缺陷可能会对评估结果带来的负面影响。在这个基础上确定评估方案，收集评估资料和数据，开展评估工作，最终得到评估结论。

创新发展政策评估的三维框架由评估重要的三个因素：评估目的、评估对象、评估方法构成。为具体说明框架的特点，本书从创新发展政策理论和实践基础上进一步分析三维框架中两两维度之间的关系，推进框架在创新发展政策评估的实践应用。

一、评估对象—评估目的分析

本书通过对评估对象—评估目的进行分析，研究不同评估对象和评估目的之间的关系，结合实际评估案例，研究评估对象和评估目的的相互影响机制。

单一政策的政策工具单一，政策目标清晰具体，较容易量化，政策对目标群体的影响也相对确定。因此，相对于政策组合和政策体系，已有的研究对单一政策的评估多注重政策效果评估，如王春元（2017）对税收优惠政策有没有刺激企业的 R&D 投资进行评估，得到作为税收优惠的政策工具在刺激企业 R&D 投入是有效的，并且分析了造成政策结果不符合预期的原因，提出了相关的政策建议，为政策的修改提供了决策支撑。卢西西诺·凯（2012）分析了三个航空航天项目案例中创新政策工具之———"奖金"在促进创新发展中的作用。发现政策存在不能解决实际资金需求，参与者动机与政策工具设计本身不相符的现象等政策问题。为这一政策继续实施还是废止提供了依据。

政策组合是在同一个政策目标下，多个政策工具的政策的集合。在评估政策组合时，评估的目的除政策组合的效果外，通常还要考虑不同政策工具在统一目标下的政策之间协调性和政策工具的合理性，评估更注重政策组合的整体性。通常，评估的结论也为政策的后续完善提供信息支撑。乔治·西利里和法比里奥·图兹和 Fabrizio Tuzi（2009）通过与意大利教育部资助的研究项目负责人访谈，对意大利政府财政支持科研计划的项目进行评估，并在短期和长期范围内评估了项目的实际效果和社会经济影响。陈麟瓒和王保林（2015）对新能源汽车"需求侧"创新政策进行了评估，评估不仅考察了政策组合的政策效果，分析了在政策组合中较为有效的政策工具，也证明了"需求侧"政策的配合能够相互促进，为未来该领域的政策制定提供了政策工具选择方面的建议。政策组合的评估在评估实践中应用非常广泛，政策组合评估的理论发展与完善具有很强的现实意义。政策组合实现政策效果的周期长，在政策执行的中期开展的评估工作在一定程度上起到了监督管理的作用。

政策体系是围绕一个复杂系统问题的政策内容相对固定，且长时间持续运行的多种政策的集合。如国家创新政策体系，它塑造了整个国家创新系统的政策环境，是影响一个国家创新发展的根本性制度架构。政策体系包含的政策数量多、政策工具复杂、作用周期长，因此对政策体系的评估应从一个长期视角出发，要综合考虑更大的社会、政治、经济背景等因素。政策体系的评估需要对其中不同政策工具之间的协同性、对构成政策过程的科学化管理、构成政策体系的工具有效性等进行深入研究。评估目的相较于单一政策和政策组合，更注重于发现影响创新的体制机制性问题；为政策的改进提供决策支撑，以及随着社会环境的不断变化，对政策体系能够继续发挥良好的作用提供政策废止或继续的建议。OECD 在 2008 年由其科学技术和工业总司（DSTI）与中国科技部联合完成了对中国国家创新体系和政策的评估研究。此次评估目标主要在于帮助调研国家政府推进创新导向下的经济与社会发展。具体目标为：①评估并预测中国科技创新在经济与社会发展中的作用；②总结、归纳当前中国国家创新体系在组织结构、政策治理、行为绩效、全球化整合以及未来发展潜力等方面的现状与特征；③为中国如何提升优化国家创新体系、平稳融入全球化知识经济浪潮提供政策建议。

综上，政策在实践中通常同时存在几种评估目的，不同的政策类型可以有相同的政策目的，不同的评估需求也要求评估有不同的目的。但如政策效果评估、决策支撑评估等，大部分政策评估均采用此目的。此外如监督管理、合理合法性评估等，都是常见的评估目的。无论是以怎样的目的进行评估，大多数的政策评估都以为政策的改进和完善提供建议为最终目标。此外，对于每种政策类型采用何种评估目的要基于每个政策的实际情况，本书后续还通过实际案例的分析对政策类型与评估目的的选择进行进一步完善。

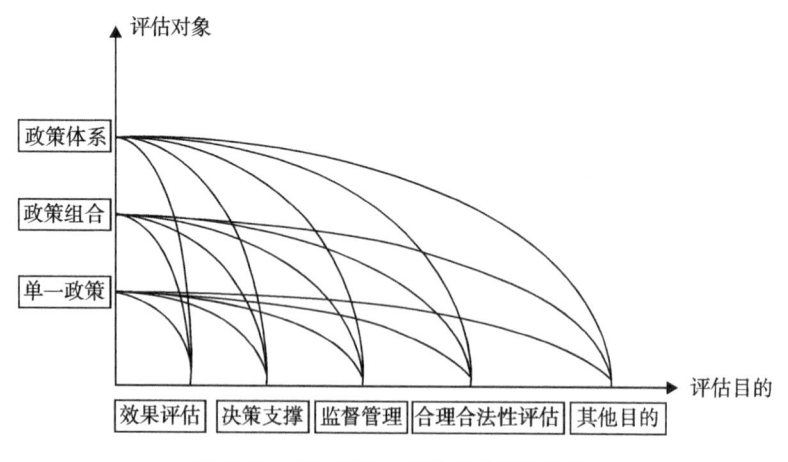

图3-3　评估对象—评估目的框架分析

二、评估对象—评估方法分析

不同类型创新政策由于其复杂性、涉及范围的不同，其评估方法也有所不同。政策组合和政策体系本身较为复杂，在实际评估过程中需要多种评估方法的复合使用，尤其对于政策体系的评估，需要结合大量定性和定量的方法。评估方法选择非常重要，是评估工作的重要组成部分，也是评估结论的重要影响因素。本节对不同政策类型在实际评估中常采用的评估方法进行整理和总结，依据不同类型的政策特点，对三维框架的"评估对象—评估方法"相互影响进行分析。

单一政策评估与评估方法。单一政策的评估由于政策结果的易测量，通常采用定量评估方法，如相关性分析法、反事实分析法等。对政策的定性评估会涉及实地调研方法、座谈法等。单一政策针对的问题简单，评估方法也较政策组合和政策体系评估简单。尼鲁帕玛·拉奥（2014）根据1981—1991年的企业税收数据，研究了美国财政研发费用加计扣除政策影响企业研究支出的效果。通过实证分析模型，发现企业R&D投入成本每减少10%，相应的研发投入强度（研发投入/销售额）短期内增加19.8%；长期影响评估发现，多数企业面临调节结构的成本问题，并随着时间不断增加研发投入。

政策组合评估与评估方法。如Technopolis公司2005年对德国的一项高技术Gründerfond（创业基金）(HTGF）项目的效果进行评估，该项目是为了刺激德国初创企业种子期融资市场的繁荣，改善技术型创业的融资环境。评估小组使用了文献研究、访谈、问卷调查等方法。豪沃德·拉升于2004年对英国1987年进行的一项政府发起的微电子应用计划进行评估，通过对当时参与计划的企业进行问卷调查，抽取部分企业做进一步访谈，并根据政策目标，围绕能力建设设计访谈问题。评估得出如何对参与企业的能力成长做判断是长期评估的关键。在政策组合的评估中，典型的项目或者计划评估以欧盟委员会对欧洲 RTD 计划的评估为例，从第四框架计划开始，基本确立了"每年一次全面评估，在项目执行期间进行连续监测，使外部专家更多参与'独立评估'"为特色的评估机制，评估方法包含专家讨论法、访谈法、实地调研法、核心统计指标等。

政策体系评估与评估方法。政策体系解决的问题复杂，采取的政策工具繁多，评估也需要较多的方法。如埃里克·阿诺德将国家创新政策中的主要组成部分，如机构、联系、知识和能力作为评估重点，评估了每个主要组成部分在系统中的功能。具体方法包括科学计量法、实地调研法、案例分析法、对比分析法和其他微观和宏观定量分析法等。

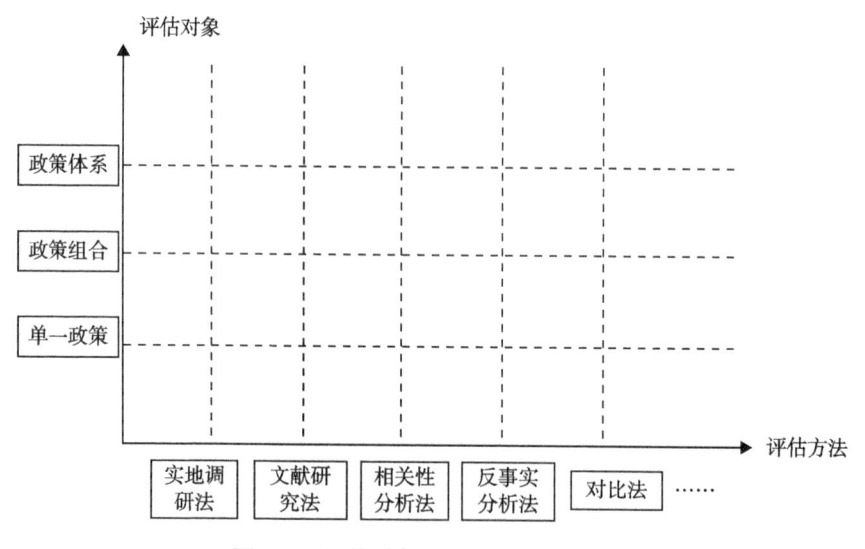

图 3-4 评估对象—评估方法框架分析

三、评估目的—评估方法分析

本节将讨论不同评估目与评估方法有怎样的关系，如政策效果和效率的评估，通常采用定量分析方法，其中政策效果的统计指标调查分析是直观反映政策效果的最有效方法。对比法、反事实分析法等定量方法可以将政策效果评估从历史或有无等多个维度进行对比，对政策效果的评估更为准确；以决策支撑为目的的评估，多从政策制定、政策执行和政策结果的问题发现研究出发，结合专家或评估者的判断，提出对相应问题改进的建议，其间需要大量有关政策资料，可以以文献研究和问卷调查的方式获得。为对政策存在问题进行充分分析论证，通常采用实地调研方法或者访谈法等，能够获取一手政策资料信息获取，并通过调研与实际政策参与者沟通，对政策进行定性评估判断。监督管理是政策评估在政策还未结束对政策执行中出现问题的发现与纠偏，通过对政策执行者、参与者的积极性和参与力度的考察，从而对政策起到修正和激励作用。实地调研法等对政策执行情况、政策存在问题的发现和讨论提供了有效手段。

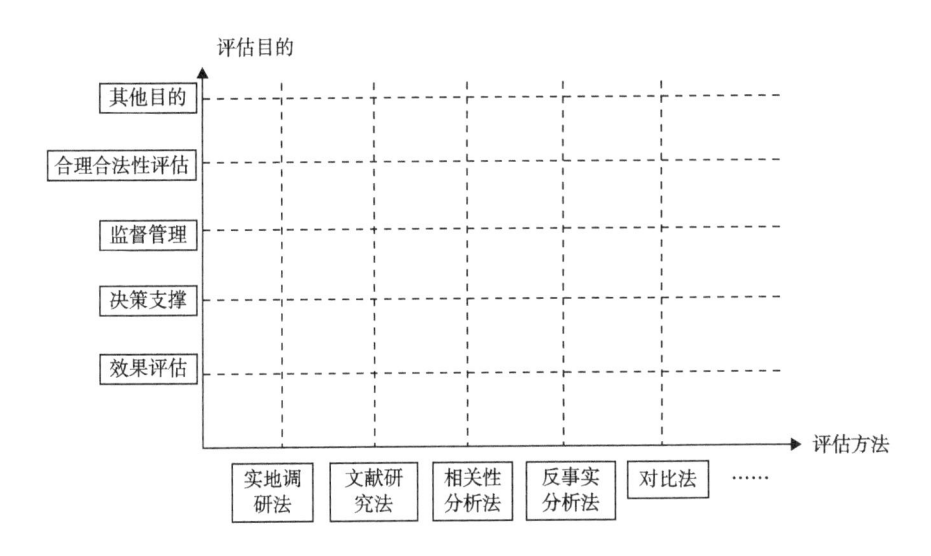

图 3-5　评估目的—评估方法框架分析

在政策合理合法性评估中，政策的合理合法性问题主要在政策制定环节形成，但体现在政策执行环节。如 2015 年推行的全面创新改革试验区政策在实际操作过程中与相关上位法有所冲突，政策实施遭到有关阻碍，进而可能导致政策无法继续推行。因此对于合理合法性评估，需要一定的文献研究作为铺垫，并在实地调研或访谈中获取实际执行情况，并予以研究讨论，必要情况下辅助以定量数据的说明，增加政策评估的信度和效度。

第三节　本章小结

本书认为政策评估的三个基本要素为评估对象、评估目的和评估方法。本章通过对评估对象分类、评估目的分析，以及第二章对政策评估方法的总结，构建了政策评估的三维框架。三维框架按照政策的复杂程度将评估对象分为单一政策、政策组合和政策体系；将评估目的分为效果评估、决策支撑、监督管理、合理合法性评估和其他目的等；并且根据前文总结，分析了不同政策类型和评估目的要选择相应的评估方法。

在此基础上，分别从评估对象—评估目的、评估对象—评估方法和评估目的—评估方法三个维度展开两两维度之间的交互影响和作用分析。不同复杂程度的政策类型在评估目的选择上有不同的特点，如单一政策更注重对政策效果的评估，政策组合除效果评估外，还进行以监督管理、决策支撑等为目的的评估。在评估方法的选择上，如创新政策体系需要更为复杂的定性和定量方法的结合。不同评估目的在方法选择上也有差异。本章讨论了创新发展政策的政策类型、评估目的与评估方法的分类和实践中两两之间的可能影响，以期为创新发展政策的评估建构科学合理的研究框架。

第四章

单一政策评估：
研发费用加计扣除政策

第四章 单一政策评估：研发费用加计扣除政策

本章以我国研发费用加计扣除政策为案例，采用创新发展政策三维评估框架方法体系，以该政策2015年所获得的调查数据为样本，对其实施以来的政策效果进行评估。本章对研发费用加计扣除政策的评估主要采取反事实分析法中的倾向性得分匹配法，将2015年享受该政策与未享受该政策的企业进行匹配，并得到在同等条件下，享受该政策的企业比未享受该政策的企业在研发投入上确实有相应的增加，证明该政策在促进企业加大研发投入方面有明显效果。

第一节 加计扣除政策概况

2006年，我国为推动科学与技术发展、增强国家科技创新能力，出台了《国家中长期科学和技术发展规划纲要（2006—2020年）》（以下简称《纲要》）及60条配套政策。研发加计扣除政策作为《纲要》和配套政策的核心举措之一，目的在于激励企业加大研发投入，提升企业创新能力。加计扣除政策内容包括：允许企业按当年实际发生的技术开发费用的150%抵扣当年应纳税所得额；实际发生的技术开发费用当年抵扣不足部分，可按税法规定在5年内结合抵扣；不再有盈利企业和增长幅度的限制。在2006年我国出台了企业研发费用税前加计扣除150%的相关政策，但散见于财政部、国家税务总局的文件中。2008年1月1日，我国开始实行《企业所得税法》，其中着重对研发费用税前加计扣除政策进行调整、完善和细化。同年12月，国家税务总局出台了配套政策《企业研究开发费用税前扣除管理办法（试行）》（国税发〔2008〕116号）。2013年财政部和国家税务总局下发了财税〔2013〕13号文，对中关村、东湖、张江等三个园区的研发费用税前加计扣除试点政策做了规定和说明。同年，财政部和国家税务总局颁布《关于研究开发费用税前扣除有关政策的通知》（财税〔2013〕70号），该政策明确扩大了加计扣除的范围，扩大后的范围和中关村、东湖与张江的范围一样大，实现了全国范围内的政策统一。2015年，财政部、国家税务总局和科技部联合发布了《关于完善研究开发费用税前加计扣除政策的通知》（财税〔2015〕119号）并在2016年开始实施，同时废除财税〔2013〕70号文件。但财税〔2013〕70号文件仍然是〔2015〕119号的重要组成部分。

由表4-1可知，自2008年以后，加计扣除政策的受惠范围逐步扩大，能够享受该政策的企业由早期的国家规定的目录和行业逐渐扩大，能够进入加计扣除减免范围的费用支出项目也在逐步增多。

表4-1 研发费用加计扣除政策的优惠范围变化

政策文件	受惠条件	受惠范围
《企业研究开发费用税前扣除管理办法（试行）》（国税发〔2008〕116号）	从事《国家重点支持的高新技术领域》与国家发展和改革委员会等部门公布的《当前优先发展的高技术产业化重点领域指南（2007年度）》规定项目的研究开发活动的	（一）新产品设计费、新工艺规程制定费以及与研发活动直接相关的技术图书资料费、资料翻译费； （二）从事研发活动直接消耗的材料、燃料和动力费用； （三）在职直接从事研发活动人员的工资、薪金、奖金、津贴、补贴； （四）专门用于研发活动的仪器、设备的折旧费或租赁费； （五）专门用于研发活动的软件、专利权、非专利技术等无形资产的摊销费用； （六）专门用于中间试验和产品试制的模具、工艺装备开发及制造费； （七）勘探开发技术的现场试验费； （八）研发成果的论证、评审、验收费用

续表

政策文件	受惠条件	受惠范围
《关于中关村、东湖、张江国家自主创新试点地区和合芜蚌自主创新综合试验区有关研究开发费加计扣除试点政策的通知》财税〔2013〕13号	在试点地区内从事《国家重点支持的高新技术领域》、国家发展和改革委员会等部门公布的《当前优先发展的高技术产业化重点领域指南（2011年度）》和试点地区当前重点发展的高新技术领域规定项目的研究开发活动的	（一）新产品设计费、新工艺规程制定费以及与研发活动直接相关的技术图书资料费、资料翻译费； （二）从事研发活动直接消耗的材料、燃料和动力费用； （三）在职直接从事研发活动人员的工资、薪金、奖金、津贴、补贴，以及依照国务院有关主管部门或者其所在省级人民政府规定的范围和标准为在职直接从事研发活动人员缴纳的基本养老保险费、基本医疗保险费、失业保险费、工伤保险费、生育保险费和住房公积金； （四）专门用于研发活动的仪器、设备的折旧费或租赁费以及运行维护、调整、检验、维修等费用； （五）专门用于研发活动的软件、专利权、非专利技术等无形资产的摊销费用； （六）专门用于中间试验和产品试制的不构成固定资产的模具、工艺装备开发及制造费，以及不构成固定资产的样品、样机及一般测试手段购置费； （七）勘探开发技术的现场试验费，新药研制的临床试验费； （八）研发成果的论证、鉴定、评审、验收费用
《关于研究开发费用税前扣除有关政策的通知》财税〔2013〕70号	从事《国家重点支持的高新技术领域》与国家发展和改革委员会等部门公布的《当前优先发展的高技术产业化重点领域指南（2007年度）》规定项目的研究开发活动的	新加入： （一）企业依照国务院有关主管部门或者省级人民政府规定的范围和标准为在职直接从事研发活动人员缴纳的基本养老保险费、基本医疗保险费、失业保险费、工伤保险费、生育保险费和住房公积金； （二）专门用于研发活动的仪器、设备的运行维护、调整、检验、维修等费用； （三）不构成固定资产的样品、样机及一般测试手段购置费； （四）新药研制的临床试验费； （五）研发成果的鉴定费用
《关于完善研究开发费用税前加计扣除政策的通知》财税〔2015〕119号	不包含 1. 烟草制造业 2. 住宿和餐饮业 3. 批发和零售业 4. 房地产业 5. 租赁和商务服务业 6. 娱乐业	（一）人员人工费用 直接从事研发活动人员的工资薪金、基本养老保险费、基本医疗保险费、失业保险费、工伤保险费、生育保险费和住房公积金，以及外聘研发人员的劳务费用。 （二）直接投入费用 （1）研发活动直接消耗的材料、燃料和动力费用； （2）用于中间试验和产品试制的模具、工艺装备开发及制造费，不构成固定资产的样品、样机及一般测试手段购置费，试制产品的检验费；

续表

政策文件	受惠条件	受惠范围
《关于完善研究开发费用税前加计扣除政策的通知》财税〔2015〕119号	不包含 1. 烟草制造业 2. 住宿和餐饮业 3. 批发和零售业 4. 房地产业 5. 租赁和商务服务业 6. 娱乐业	（3）用于研发活动的仪器、设备的运行维护、调整、检验、维修等费用，以及通过经营租赁方式租入的用于研发活动的仪器、设备租赁费。 （三）折旧费用 用于研发活动的仪器、设备的折旧费。 （四）无形资产摊销 用于研发活动的软件、专利权、非专利技术（包括许可证、专有技术、设计和计算方法等）的摊销费用。 （五）新产品设计费、新工艺规程制定费、新药研制的临床试验费、勘探开发技术的现场试验费。 （六）其他相关费用 与研发活动直接相关的其他费用，如技术图书资料费、资料翻译费、专家咨询费、高新科技研发保险费，研发成果的检索、分析、评议、论证、鉴定、评审、评估、验收费用，知识产权的申请费、注册费、代理费，差旅费、会议费等。此项费用总额不得超过可加计扣除研发费用总额的10%。 （七）财政部和国家税务总局规定的其他费用

资料来源：国家税务总局。

第二节 研发费用加计扣除政策的研究综述

宋河发等（2009）在加计扣除政策出台后的2007年和2008年进行两次大规模问卷调查，调查对象为国家及省级技术中心企业。调查内容包括政策实施范围，政策知晓度、政策执行力度和政策落实难易程度。调查发现，在政策实施范围方面，不满足政策条件的被调查对象占比从2007年的26.09%上升到2008年的54.1%；未知晓相关政策的企业占比从2007年的23.58%下降到2008年的18.67%；由于政府执行力度不足而未能享受该政策的企业占比由2007年的17.36%上升到2008年的19.33%，并在此基础上，分析了政策设计不足可能带来的问题。根据对政策落实情况的调查研究以及对政策本身的分析，提出了相关结论和建议以进一步加强政策的落实。吕亮雯（2012）对广东省实行加计扣除政策的情况进行了调查，通过广东省科技统计分析中心调查数据分析了广东省内高新技术企业累计享受研发费用加计扣除累计税收减免额、企业研发投入增加情况、享受政策企业数量等内容，并得出广东高新技术企业尚未充分享受该政策的结论，并针对相关问题给出对策和建议。王再进和方衍（2013）根据有关部门2010年问卷调查统计数据，研究了企业税收优惠总额与其所在地区科技计划项目投入比较情况、企业享受政策优惠数量，以及企业研发投入增加量的情况。结果显示，政策给一些地方企业带来的税收优惠超出了本地区的科技计划项目投入；被调查对象中60%的企业享受了该政策，并且享受了该政策的企业的研发投入加大，研发投入增加50%的企业占比11%，并且只有5%的企业没有加大研发投入力度。赵彤（2011）通过问卷调查的方式，对长三角地区的企业实施加计扣除政策许多方面进行考察。问卷的具体内容包括，被调查对象的基本情况、政策执行情况政策设计、政策服务、政策执行、政策环境等内容。调查对象包括大中小型高企和非高企，调查对象覆盖工商登记的全部公司类型。其中，政策设计包括政策体系复杂程度、政策激励效果、政策优惠范围等问题；政策执行包括政策执行成本；政策服务包括政策知晓度等。

还有些评估考察了政策投入变量与目标产出变量的关系，以此来确定政策在定量层面上的有效性。赖春泉（2016）对我国高技术产业的研发费用税前加计扣除政策实施效果评价，首先，做加计扣除与我国高技术产业研发创新的相关性分析，以研发投入强度、研发人员人数为自变量，以高技术产业利润总额为因变量，确定在0.05的显著水平下，政策有显著影响。其次，研究加计扣除对高技术产业研发创新的有效性分析，构建 VAR 模型，分析政策实施的滞后性、企业研发投入强度与企业利润率的均衡关系及研发投入强度的冲击效果。刘圻等（2012）在基于深市中小板上市公司的数据上，对研发支出加计扣除的实施效果进行了实证研究。通过变量控制与回归分析，证明了研发投入强度与研发支出加计扣除强度在 1% 的水平上显著正相关，证明了政策对企业创新能力的提升有直接的效果。

世界上许多国家相继开展了研发费用加计扣除政策，其间有大量学者对该政策的实施效果进行评价。主要集中在：第一，财政刺激对私营部门 R&D 投入的促进效果的衡量；第二，研发加计扣除政策对私营部门 R&D 投入的挤出效应的研究；第三，加计扣除政策在不同性质行业以及不同地区的差异化表现及其原因的研究等。布鲁姆等（2002）对多个国家进行对比分析，研究发现研发投入加计扣除强度与企业研发投入强度的弹性在短期是 –0.14、长期为 –1.09。威尔逊（2009）研究发现，加计扣除强度和研发投入强度的短期弹性为 –0.17、长期弹性为 –0.68。日本的研发费用加计扣除政策在 2003 年进行改革，弘幸笠原等（2014）对日本的加计扣除政策进行评估，基于企业在 2000—2003 年能够获得的所得税减免税率，通过 GMM 模型发现所得税减免税率与企业的资产负债率呈显著的正相关关系，这说明研发费用加计扣除对一些外债比例高的公司具有明显的作用。此外，通过反事实分析法发现，如果没有 2003 年的税费改革，企业 R&D 投入将减少 3%~3.4%。玛丽安娜·玛里诺等（2016）对法国 1993—2009 年加计扣除政策享受者与非享受者在 R&D 投入上的区别和增量，并对享受政策的不同体量的企业进行比较和分析，采用 dose-response 匹配方法对进一步完善 R&D 补贴政策进行讨论，并且发现，挤出效应更容易出现在中高份额的财政补助中。古斯塔沃等（2016）分析了阿根廷税收加计扣除政策对提升企业层级的创新投入的影响。该文章以阿根廷数据与统计局的国家创新调查数据为支持，发现R&D投入与企业资金成本之间的弹性大于1，说明此项措施在促进企业层面的创新有着显著作用，同时也发现加计扣除的效果随着不同行业领域和企业大小而不同。弗尔维奥和克里斯汀（2013）对挪威不同行业研发费用加计扣除的效果进行评价，使用元回归分析（Meta-Regression Analysis，MRA）方法构建了包含企业享受研发费用加计扣除的各项数据的数据库。研究发现加计扣除政策对小企业的R&D投入增加值的促进最大，同时还构建模型解释该政策在不同领域效果不同的原因。

一、加计扣除政策评估目的选择

单一政策评估目的有很多。根据已有的文献研究，加计扣除政策的评估目的有政策的效果评估，对效果的评估包含几个方面，政策效率评估，政策更广泛影响评估，不同地区或行业不同效果评估等。在政策效果评估的基础上，进而分析造成政策效果不佳或者不同地区政策结果不同的原因，提出改进这些问题的建议和措施，为政策调整提供支撑等。

加计扣除政策自2006年提出以来经历了多次改动，对不同阶段的政策结果进行评估、检验政策实施效果，是政策实施调整的依据和基础。本书主要围绕当前阶段的加计扣除政策的政策效果进行评估。

二、评估方法

单一政策具有目标明确、边界清晰、逻辑简单、结果相对容易测量等特点，因此在单一政策的评估中，除了通常的定性评估方法，如访谈、实地调查等，统计学、计量经济学等定量评估方法也有其独特的优势。数据分析不仅可以对贡献率、弹性、方差和观测系统的影响系数等参数进行估计，还可用于详细说明频率分布和确定阈值（Michael White，

1988），尤其是在研发费用加计扣除等财税政策的评估中，由于其投入、产出在某种程度上可以用货币直接衡量，因此定量的评估方法使用频率更高，如对比分析法、反事实分析法、相关性分析法等。玛丽安娜·玛里诺等（2016）采用对比分析的方法研究了研发费用加计扣除政策在不同企业规模、不同性质行业的影响进行了比较研究，并且对不同的政府资助方式，如直接补贴、税收优惠对企业的 R&D 投入影响的区别。采用分类对照（categorical treatment matching）和持续对照（continuous treatment matching）的对比方法。此外，有学者利用对比分析法中的反事实分析法，对加计扣除政策进行评估，如大西和永田（2010）运用了 DID-PSM 联合方法评估了日本 2003 年 R&D 费用加计扣除改革的影响。在研发费用加计扣除政策的评估实践中，学者们通常考量 R&D 投入成本与实际 R&D 投入、政府研发费用税收优惠率与企业 R&D 实际投入增长、企业 R&D 投入成本与 R&D 投入强度等的相关关系以及弹性系数，从而判定研发费用加计扣除对企业 R&D 的刺激作用和大小比较（Bloom et.al, 2000; Freitas et.al, 2016; Chen & Gupta, 2016）。陈远燕（2015）对某市加计扣除政策的实施效果做了实证分析，通过对企业纳税数据的收集，构建了政府对企业 R&D 资助与企业 R&D 投入的回归分析模型，并得出政府对企业研发支出加计扣除的税收激励对企业 R&D 投入的激励是有显著的正向作用的。本书认为相关性分析法和反事实分析法能够很好地反映政策变量与政策产出之间的关系，并且理论上能够将政策产出精确分离出来，与相应的政策因素对应。因此，本书选择相关性分析法和反事实分析法对中关村企业的研发费用加计扣除政策的实施结果进行评估。本书构建研发费用加计扣除政策评估一般框架如图 4-1 所示。

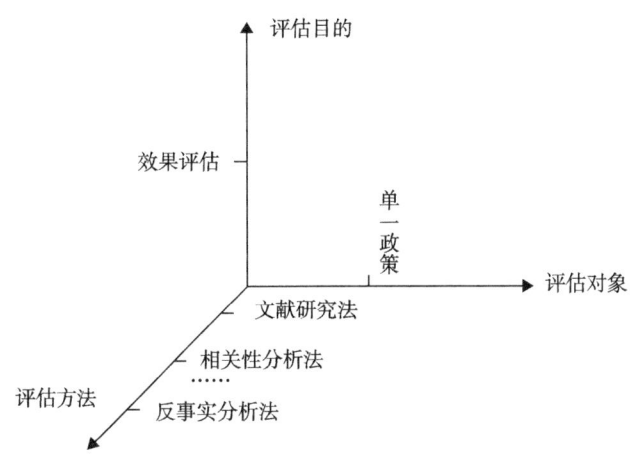

图 4-1 研发费用加计扣除政策评估一般框架

资料来源：笔者绘制。

第三节　加计扣除政策的效果评估

本节对研发费用税前加计扣除政策的效果进行实证评估。以 2015 年以来北京中关村 1.6 万余家实行加计扣除政策的企业为研究对象，以其实际发生的税收减免额和企业的创新投入做相关性分析和反事实分析，对政策是否对企业的创新投入有促进作用进行简明的定量判断。数据来源为中关村企业的调查数据，其中包含企业的一般性财务数据和其他与研发有关的数据。

过往的加计扣除政策对企业创新影响的定量研究可以分为以下几类，研究政策对企业创新投入的影响（input additionality）、政策对企业创新产出的影响（output additionality）。投入增量的研究直接关注研发费用加计扣除的税收刺激有没有直接导致企业增加创新投入，同时测算税收优惠力度与企业投入增加的弹性关系。但投入增量的一个缺陷在于，它默认了研发投入和创新产出直接的因果关系，但由于创新投入作用的机制复杂，其中涉及的相互作用较多，对创新产出的作用是非线性的，仍值得进一步研究（巴特·克拉利斯，2009）。

评估产出增量的重点是评估由于政府政策刺激，企业的创新产出增加了多少。衡量企业的创新产出可以用直接或间接的指标，直接指标如专利数、论文数、新产品、新产品销售收入、新的工艺线和服务等。间接指标有企业的营业额、利润、生产率等一般性企业绩效指标。但是如何区分哪些产出直接由于某个特定政策导致，并分离那些不是由于该政策导致的产出是产出增量评估的难点。

作为投入增量和产出增量的补充，布塞雷特等（1995）提出了行为增量的概念，他认为政策执行后，企业会根据政策的导向做出相应的反应，这个过程中企业行为的改变则称为"行为增量"。而企业由于政策的引导和刺激，打破了原有的惯性行为，形成了新的行为模式，这个过程也恰好可以用"组织学习理论"来解释。而企业行为的改变，在某种程度上体现了政策的最终效果。李彰和苏竣（2017）总结了投入增量和产出增量的评估特点和区别，并提出了不同评估应考虑的短期、中期和长期结果。从 2015 年加计扣除政策的实施情况来看，政策实施短期内衡量政策对企业创新投入的影响更为直接，短周期评估也尽可能地减少了其他因素对结果的影响。而对创新产出增量和行为增量的测量的主要问题是，不能确保测量的对象完全由政策所影响，并且越是长周期的评估，将其归因于某一特定政策的作用结果也更加困难。而企业长时间的产出、形成的行为结果是多种因素导致的，有政策引导，也有社会经济环境变化以及生产资料的变化等因素。当然，企业长期形成的行为习惯和创新产出的测量也非常重要，但这更应该归因于政策组合和国家政策体系的影响。

因此，本书将采取计量经济学方法对企业投入增量进行考察，选择企业的投入增量指标作为企业研发费用加计扣除政策效果的评估指标，其中投入增量包含研发投入的经费和研发投入的人力资源指标等。

表4-2 三种不同增量概念的区别

概念分类	评估问题	核心指标	关注周期
投入增量	科技计划的资助究竟是替代了私人部门的研发投入还是起到了补充作用	研发投入	短期效果
产出增量	科技计划的资助是否提升了企业的创新绩效和创新能力	专利/新产品销售额	中长期效果
行为增量	科技计划的资助是否造成了企业行为上的差异	企业战略与研发管理，产品与过程创新	长期效果

资料来源：李彰和苏竣（2017）。

一、企业研发加计扣除与创新投入的相关性分析

本书选取了2015年中关村企业的调查数据，其中包含企业的基本财务数据和历年研发投入以及享受加计扣除政策的优惠情况数据。已有的文献对企业研发费用加计扣除强度与企业研发投入强度以及其他因素的回归分析进行研究时，通常通过上市公司的R&D投入反推加计扣除额度，但由于2008—2015年研发费用加计扣除政策的扣除范围不断扩大，其中还包括将R&D人员的费用支出也纳入扣除范围内（李坤和陈海生，2017）。因此，仅仅用研发投入指标一项并不能准确地衡量政策对研发投入，包括人员投入的影响。因此，本书选取企业接受R&D研发费用税前加计扣除额作为主要解释变量，被解释变量为企业研发投入指标，同时，也将企业参与科研活动的人力资源投入指标纳入研发投入指标范畴。

控制变量的选取。有研究发现，企业利润显著正向影响企业的研发投入强度，企业规模和年龄对企业的研发投入金额也有显著正向关系，但是显著负向影响企业的研发投入强度，其中，企业规模与企业研发投

入强度存在倒"U"型关系（成力为和戴小勇，2012）。陈仲常和余翔（2007）研究了外部环境因素对企业研发投入的影响，其中，新产品市场需求短时间内对企业的研发活动有显著正向促进作用，而市场竞争越激烈对企业的研发活动越不利，外部融资环境和政府资助对企业的研发投入有一定的积极作用。安玉敬（2012）研究了影响企业研发投入的内部因素，认为技术能力因素对企业的研发投入最大，其中包含专利数量、研发人员和高素质员工比例。宋雨（2013）在研究了我国深证A股主板上市公司2009—2011年的数据样本后，发现规模、融资、政府资助和地区市场化程度比例对R&D投入有显著影响。考虑到影响企业研发投入的可能因素，包括企业的盈利能力、企业的体量等因素，本书在已有研究的基础上，结合可获得的数据，确定控制变量的选择包括企业规模指标、企业技术能力指标、企业盈利水平指标和企业外部市场指标。其中，企业规模指标包含企业资产规模和企业员工总数；企业技术能力指标为企业获得发明专利数；企业盈利水平指标为企业营业利润。企业外部市场指标为新产品销售收入，变量的具体说明如表4-3所示。并且在数据处理过程中，为防止数据偏差，剔除了刚成立的企业（成立一年以内），以及企业员工数（empl）为0、企业资产总额（asst）为0或者负的样本，共获得处理的样本16154个。进而，根据stata 12.0对数据进行描述性统计，并运用logit模型进行了企业R&D投入和其享受的加计扣除税额的模型一般性多元回归分析。表4-4为指标的描述性统计结果。

表4-3 具体变量名称及解释

变量类型	变量名称	变量符号	变量定义
被解释变量	企业R&D经费内部支出	rdexp	企业科技活动经费内部支出中用于基础研究、应用研究和试验发展三类项目的费用支出以及用于这三类项目的管理和服务的费用支出
被解释变量	企业科技活动经费内部支出	rdinner	企业用于科技活动的实际支出,包括经常费用支出和科研基建费支出
被解释变量	企业R&D人员数	rdstf	企业科技活动人员中从事基础研究、应用研究和试验发展三类活动的人员
主要解释变量	研发费用加计扣除额	rdtc	统计得到的企业研发在加计扣除政策下的减免税额
控制变量	资产规模	asst	企业拥有或控制的能以货币计量的经济资源
控制变量	员工总数	empl	期末企业所拥有的员工总数
控制变量	发明专利	patent	企业作为专利权人在报告年度拥有的、经国内外专利行政部门授权且在有效期内的发明专利件数
控制变量	企业营业利润	profit	企业生产经营活动所实现的利润
控制变量	新产品销售收入	npsales	企业销售新产品实现的销售收入
控制变量	政府补贴	subs	接受的政府其他形式的补贴

资料来源:国家统计局。

表4-4 主要指标的描述性统计结果

变量	样本数	平均值	标准差	最小值	最大值
企业科技活动经费内部支出(万元)	16154	8835.358	64753.67	0	3201532
研发人员(人)	16154	12.557	106.23	0	6170
资产规模(万元)	16154	466727.8	4155396	0	2.08×10^8
员工总数(人)	16154	140.2723	638.3	1	28013
企业科技活动经费内部支出(万元)	16154	8835.358	64753.67	0	3201532
发明专利(件)	16154	8.046	86.123	0	5367
营业利润(万元)	16154	20797.33	268188.6	-3794035	1.36×10^7

续表

变量	样本数	平均值	标准差	最小值	最大值
新产品销售收入（元万）	16154	26880.42	508121.5	0	5.15×10^7
政府补贴（万元）	16154	1161.369	16722.02	0	1192391
企业研发投入经费内部支出（万元）	16154	3638.579	43767.35	0	2432789

资料来源：Stata12.0 运行结果。

在相关性分析中，首先对企业 R&D 内部支出与研发加计扣除额进行简单回归分析，其次对企业 R&D 内部支出与其他变量进行多元回归分析，最后对企业研发人员投入总量与企业享受的研发费用加计扣除额做回归分析。为了更好地得到回归效果，对所有指标采取 ln 值进行回归。结果如表 4-5、表 4-6、表 4-7 所示。

表 4-5　企业研发经费内部支出（rdexp）与加计扣除额（rdtc）的回归分析

Lnrdexp	lnrdtc	lnasst	lnnpsales	lnprofit	lnsubs	lnempl	lnpatent
系数	0.089	0.086	0.115	0.041	0.053	0.415	0.225
t 值	1.17	0.89	2.37***	0.77	1.52*	3.73***	3.82***
标准差 SE	0.076	0.097	0.048	0.054	0.035	0.111	0.058
vif	2.43	5.35	2.01	2.66	1.59	3.78	1.56

注：R^2=0.5892，调整后的 R^2=0.5767，***、**、* 分别表示样本在 1%、0.5%、0.1% 的水平上显著；vif 值用来检验变量的多重共线性，vif 值小于 10，变量存在共线性概率较小，结果可靠。

表 4-6　企业科技活动经费内部支出与研发加计扣除以及其他变量的回归分析

Lnrdinner	lnrdtc	lnasst	lnnpsales	lnprofit	lnsubs	lnempl	lnpatent
系数	0.16	0.28	0.017	0.011	0.069	0.35	0.11
t 值	4.43***	5.70***	0.73	0.40	3.89***	6.43***	3.74***
标准差 SE	0.036	0.049	0.023	0.028	0.017	0.054	0.029
vif	2.46	5.41	2.11	2.69	1.61	4.96	1.61

注：R^2=0.8112，调整后的 R^2=0.8069；***、**、* 分别表示样本在 1%、0.5%、0.1% 的水平上显著；vif 值小于 10，结果可靠。

表 4-7 企业 R&D 人员与企业研发加计扣除以及其他变量的回归分析

lnrdstf	lnrdtc	lnasst	lnnpsales	lnprofit	lnsubs	lnpatent
系数	0.15	0.26	0.11	−0.014	0.04	0.14
t 值	2.56***	3.71***	2.81***	−0.33	1.38*	3.08***
标准差 SE	0.061	0.071	0.04	0.044	0.029	0.048
vif	2.27	4.12	2.02	2.62	1.59	1.54

注：$R^2=0.5511$，调整后的 $R^2=0.5395$；***、**、* 分别表示样本在 1%、0.5%、0.1% 的水平上显著；去除了对 R&D 人员影响较大的员工总数（empl）指标，vif 值小于 10，结果可靠。

如表 4-5 所示，企业研究开发费用内部支出（以下简称"rdexp"）与企业享受的研发加计扣除费用（以下简称"rdtc"）的回归系数为正，两者呈显著正相关关系，且按照这一弹性系数，即加计扣除比率提高 1%，企业相应增加 0.089% 的研发费用内部支出。如表 4-6 所示，企业科技活动内部经费支出（以下简称"rdinner"）与 rdtc 同样呈显著正相关关系，且在整体拟合良好的情况下，两者的弹性为 0.16，即 rdtc 提高 1%，rdinner 支出增加 0.16%。并且研发投入内部支出与其他控制变量，资产、新产品销售、利润、补贴、企业员工总素和专利数量同样呈正相关关系，并与资产、补贴、企业雇员数量和专利数量在 0.1% 的水平上具有显著正相关关系。表 4-7 反映了企业的研发人员数量（以下简称"rdstf"）与 rdtc 的相关关系，两者呈显著正相关关系，且弹性为 0.15，即当 rdtc 提高 1%，企业研发人员增加 0.15%。回归研究证明了研发费用加计扣除政策与企业创新投入呈正相关关系。

二、反事实研究的 PSM 模型检验

在政策评估的过程中，评估者期望能够更多地获得政策实施的真实效果，这一真实效果并不仅仅是政策客体在政策执行后的表现，评估对象当期的表现不仅仅由政策所导致，同时还受其他多种因素和其自身

的发展惯性导致。因此，对政策效果的评估需要将政策实施的真实结果与其自然发展结果分离出来。由于评估对象只能处于一种状态，即不能同时处于既受政策影响，又不受政策影响两种状态，因此不能实际测量政策作用和没作用的差别。反事实方法运用计量方法构建政策客体没有受到政策影响的虚拟状态，并通过两种状态的差异来判断政策效果，也称为处理效应（鲁宾，1974）。倾向性得分匹配方法（Propensity Score Matching，PSM）是反事实方法中的一种，它通过样本一系列特征指标将处理组和控制组中的个体通过倾向性距离函数进行个体匹配，将最合适的处理组和控制组匹配为对象，考察指标在处理组和其匹配组在所考察指标上的平均差异，即平均处理效应（Average Treatment Effect on the Treated，ATT）。

因此，本书设定虚拟变量 $D_i=\{0, 1\}$ 表示样本中的企业是否参与研发加计扣除政策，1为参与，0为未参与，即为实验中的处理变量。设定 Y_i^1 为企业参与研发费用加计扣除后的特征变量输出，Y_i^0 为企业未参与研发费用加计扣除政策的特征变量输出。因此，企业参与该政策的效应为：

$$\Delta Y_i = Y_i^1 - Y_i^0 \quad (4.1)$$

特征变量输出的平均效应（ATT）为：

$$E(D_i / D_i = 1) = E(Y_i^1 / D_i = 1) - E(Y_i^0 / D_i = 0) \quad (4.2)$$

而对于处理组中的个体 i 来说，Y_i^0 是不可观测的指标，倾向性匹配方法可以获得在其他指标匹配的情况下与之匹配的控制组的个体，通过两者在特征变量的输出差异，即得到了特征变量的差异，即研发加计扣除政策的实际效果。

根据前文所述，本书以企业规模指标、技术能力指标、盈利水平指标、外部市场指标为匹配指标，核心输出变量为企业研发经费投入

（rdexp）、企业科技活动经费内部支出（rdinner）和企业研发人员数量（rdstf），并以核匹配（kernel matching）为核心匹配方法。匹配的结果和处理效应如表4-8所示。根据stata 12.0的处理结果，参与研发费用加计扣除政策与未参与的企业科技活动经费内部支出（rdinner）方面的平均处理效应ATT为8985.77万元。同时，对rdinner支出比率做输出，得到处理组比控制组在科技内部支出上增加0.89%，其中$t=20.53$，两项结果均在0.1%的水平上通过显著性检验。此外，对企业研发投入（rdexp）进行匹配，得到ATT达到0.72%，即处理组较控制组在研发投入方面平均多出0.72个百分点，$t=10.64$，结果在0.1%的水平上通过显著性检验。最后，对同作为创新投入的企业研发人员数量做匹配处理，处理组较控制组多0.74%的研发人员投入，同时，$t=14.04$，同样在0.1%的水平上通过显著性检验。

在匹配结束后，本书通过匹配得分对比了控制变量在匹配前后的变化，以检测是否很好地平衡了数据。表4-9描述了控制变量在核匹配前后的变化和标准化偏差。如表4-8所示，匹配后的处理组与控制组在某一指标上的平均值更为接近，标准化偏差（% bias）也有了大幅下降，且大多数变量的标准化偏差小于10%，在可接受范围内，因此可以认为匹配方法适当，且匹配结果可靠。

因此，本书对创新投入指标运用PSM方法进行分析，去除了其他环境因素和企业自身因素可能导致的企业自主研发活动的影响后，得到了研发费用加计扣除政策在促进企业创新投入方面的作用。

表 4-8 创新投入指标的 ATT 效应

指标	样本	处理组	控制组	ATT	S.E.	T 值
R&D 经费支出（%）	匹配后	8.79	8.07	0.72	0.068	10.64***
科技活动经费内部支出（%）	匹配后	9.17	8.28	0.89	0.044	20.53***
科技活动经费内部支出（万元）	匹配后	33847.7	24861.9	8985.8	4057.3	2.21***
企业 R&D 人员（%）	匹配后	3.60	2.86	0.74	0.053	14.04***

注：*** 代表指标 T 值在 1% 的水平上显著。

表 4-9 匹配前后变量的特征对比及标准偏差

变量	样本	平均值		标准偏差 %
		处理组	控制组	
资产总额	未匹配组	1.2e+06	3.8e+05	20.0
asst	匹配组	1.1e+06	8.0e+05	7.0
企业员工总数	未匹配组	409.51	153.25	26.1
empl	匹配组	389.71	337.31	5.2
利润总额	未匹配组	68215	16525	16.2
profit	匹配组	67266	36274	9.7
获得补贴	未匹配组	5654.5	1066.8	13.5
subs	匹配组	4988	2404.4	7.6
新产品销售收入	未匹配组	1.1e+05	34363	13.0
npsales	匹配组	1.1e+05	1.1e+05	−0.4
专利	未匹配组	39.903	8.7681	18.1
patent	匹配组	32.861	26.1	3.7
高技术企业	未匹配组	0.97265	0.79657	57.3
High_tech	匹配组	0.97261	0.97175	0.3

资料来源：根据 stata 12.0 结果绘制。

第四节　加计扣除政策三维评估框架

单一政策相对于政策组合和国家创新政策体系，政策工具简单，作用范围有限，作用对象相对固定。因此，单一政策的政策结果评估往往能够更加精确，定量化的评估方法在单一政策的评估中非常常见。但要注意的是，单一政策的评估需要厘清政策的影响范围，避免被过多因素影响。本章对加计扣除评估研究的总结包括对政策实施情况的梳理等一般性定性评估，也包括对政策绩效和相关关系的评估。

本章在依据研发费用加计扣除政策的历史演变等特点，确立了以衡量创新投入变化为体现政策效果的主要指标，并用定量方法中的相关性分析法和反事实分析法，在"对象—目的—方法"三维框架的指导下对加计扣除政策进行评估。在对研发费用加计扣除这一单一政策进行评估后，本书总结了研发费用加计扣除政策的评估框架，如图4-2所示。

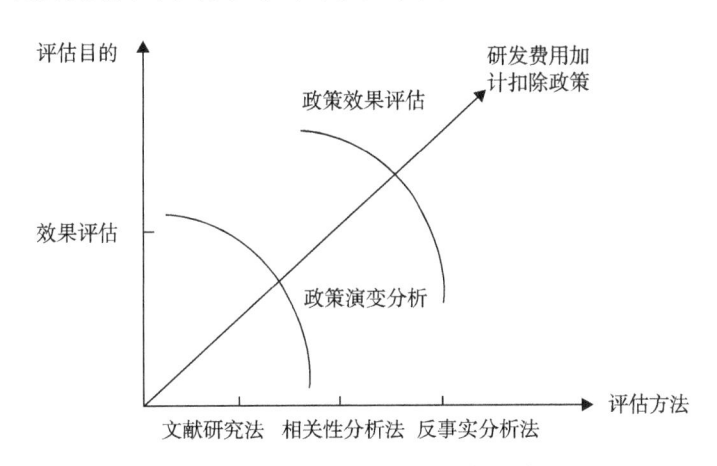

图4-2　研发费用加计扣除政策评估框架

资料来源：笔者绘制。

第五节 本章小结

本章以 2015 年 1.6 万余家中关村企业统计数据为基础，对研发费用加计扣除政策进行效果评估。研究发现。

（1）研发费用加计扣除政策自 2008 年实施以来，中间经过几次变动，还未完全稳定落地，且由于创新的周期长等特性，本章认为该政策的效果，以对创新投入的影响最为准确。随着政策的持续执行，创新产出和企业创新行为的改变将成为政策执行多年后的主要考察对象，未来研究也会对以上方面加以关注。

（2）本章通过 Logit 回归分析，得到企业科技活动内部经费支出与研发费用加计扣除的额度呈显著正相关关系。此外，通过反事实分析法将 2015 年 1.6 万余家中关村企业在享受研发费用加计扣除政策和未享受该政策的企业进行了倾向性得分匹配，得到了在其他指标相似的情况下，享受该政策与未享受该政策的企业在研发投入方面的平均差异，试图研究在控制其他变量因素的影响时，是否享受该政策作为唯一变量对企业研发投入的影响。通过研究验证，本章得出，享受政策的企业比未享受该政策的企业在研发投入费用、企业科技活动内部经费支出、企业研发人员投入分别多出 0.72%、0.89% 和 0.74%。因此，可以证明，研发费用加计扣除的确促进了企业的创新投入。

本章通过建立三维评估框架，采用相关性分析法、反事实分析法的定量分析方法对研发费用加计扣除政策的政策效果进行了评估，获得了加计扣除这一鼓励创新的单一税收政策在促进企业加大研发投入的实际效果，为其他相关单一政策的评估提供了借鉴和指导作用。当然也存在一定不足，如定量方法在评估政策效果方面确实具有直观简明的优势，但对单一政策的评估仅用定量方法还不够完善，诸如决策支撑的评估，还需要获得更丰富的调研资料，结合更多定性评估的方法。

第五章

政策组合评估：全面创新改革试验的成果转化政策

第五章 政策组合评估：全面创新改革试验的成果转化政策

全面创新改革试验是我国为促进更全面、广泛地突破体制机制障碍，激发各地区创新活力的改革试验。全面创新改革试验为贯彻中国共产党的十八大和十八届二中、三中、四中全会精神和习近平系列重要讲话精神，按照党中央和国务院的决策部署，以实现创新驱动发展转型为目标，以推动科技创新为核心，以破除体制机制障碍为主攻方向，选择一些区域开展系统性、整体性、协同性改革的先行先试，统筹推进经济社会和科技领域改革，统筹推进军民融合创新，统筹推进引进来和走出去合作创新，探索营造大众创业、万众创新的政策和制度环境，提升劳动、信息、知识、技术、管理、资本的效率和效益，进一步促进生产力发展，加快形成我国经济社会发展的新引擎，为建设创新型国家提供强有力的支撑。

全面创新改革试验政策力争在3年（2016—2018年）内，在创新的体制机制环境方面实现重大改革突破，并向全国范围内推广示范。进一步形成若干区域性改革示范平台，一些区域率先实现创新驱动发展转型，科技投入水平进一步提高，知识产权质量和效益显著提升，科技成果转化明显加快，创新能力大幅增强，产业发展总体迈向中高端，知识产权密集型产业在国民经济中的比重大幅提升，形成一批具有国际影响力、拥有知识产权的创新型企业和产业集群，培育新的增长点，发展新的增长极，形成新的增长带，经济增长更多依靠人力资本质量和科技进步，劳动生产率和资源配置效率大幅提高，发展方式逐步从规模速度型粗放增长向质量效率型集约增长转变，引领、示范和带动全国加快实现创新驱动发展，形成经济社会可持续发展新动力。

第一节 全面创新改革试验成果转化政策概况

按照《关于在部分区域系统推进全面创新改革试验的总体方案》在部分区域进行的创新改革是我国在"每有改革，必先试点"的决策模式的集中体现之一，也是我国创新发展治理模式的一次深刻转型。（张克，2015）长期以来，我国关于创新发展的政策制定存在条式分割问题，部门之间的协调性和整体性不足，政策存在碎片化、割裂和重复现象。全面创新改革试验以地区为试点，以地方政府为核心的"块状"式决策机制，有助于集中力量解决制约体制机制障碍，大大提升决策效率。

以成果转化政策组合为例，在全面创新改革试验的要求下，各试验区出台的成果转化政策要在国家新修订的《促进科技成果转化法》等基本法律的基础上，根据本地区的实际情况和发展中面临的问题，积极提出制约成果转移转化的解决措施和改革方案，为科技成果的转移转化提供新的改革思路。本书选取全面创新改革政策中安徽省在2016年以来出台的关于成果转化的政策组合作为评估对象，通过"三维"评估框架对该政策组合进行评估。

第二节 全面创新改革试验成果转化政策评估目的和方法

一、评估目的

全面创新改革试验（以下简称"全面创新改革试验"）有以下主要任务：第一，探索发挥市场和政府作用的有效机制；第二，探索科技与经济深度融合的有效途径；第三，探索激发创新者动力和活力的有效举措；第四，探索深化开放创新的有效模式。积极探索科技成果转化有效途径和机制，推进科技与经济深度融合，是解决一直以来科技、经济"两张皮"的重要政策手段。

首先，作为全面创新改革试验政策中的重要举措之一，成果转化政策应遵循全面创新改革试验总体目标，即3年内构建全面创新改革试验长效机制，通过先行先试一批政策，每年向全国范围内复制推广成熟可行的改革举措，因此要对成果转化政策组合的效果进行评估，以此判断是否适合进行全国推广；其次，成果转化政策是一项由多个目标统一的单一政策组合而成，是典型的政策组合。成果转化政策评估需要对政策组合内部的政策协调性、主管部门之间的协调性加以评估判断；最后，本文针对2016—2017年出台的政策评估作为中期评估，还应起到监督管理的作用。此外，由于全面创新改革试验为中央授权地方对制约创新发展的体制机制障碍进行改革突破，而非一般的区域发展政策。因此，评估需关注政策是否真正突破制度障碍和空白，与服务于地方发展的一般性政策与可复制推广的改革性举措区别开来。

安徽省拥有中科大、国家重点实验室等多个高水平高校、科研院所，并努力建设国家科学中心，是我国重要科技成果集中产出代表区域。安徽推行的成果转化举措和改革非常具有代表性。如何构建高校和科研院所与企业成果转化的运行机制，如何有效推进成果转化解决关键环节障碍，集中体现了中国成果转化体制的难点和痛点。因此，成果转化政策的工作重点在合作机制、保障机制、问题解决机制等的政策突破，以获得可复制推广的有效经验。

本书根据2018年7月所获得的调研材料，对安徽在全面创新改革试验成果转化领域两年内的进展与成效进行检验，以提炼一批复制推广的改革经验，并适时终止不适宜的改革举措，总结全面创新改革试验面临的关键问题并提出建议。因此，本书依照国家对全面创新改革试验的阶段性评估要求，归纳安徽省全面创新改革试验背景下出台的成果转化政策组合的评估目的主要在以下方面：一是效果评估，即对全面创新改革试验中成果转化相关政策的实施结果和影响进行评估；二是合理合法性评估，即对政策工具组合的协调性、政策设计的合理性等进行分析评估；三是监督管理，即对成果转化政策实施情况进行调查，及时终止不适宜的改革举措。同时，监督和激励政策的执行；四是决策支撑，对政策存在的问题进行总结，对影响改革举措的障碍提出政策建议，并对其中实施效果较好的政策或模式加以推广，提炼改革经验和模式。

二、评估方法

根据评估目的与评估对象，本书确定评估方法包括政策和文献研究法、利益相关者分析法、实地调研法等，分别从理论、文献和调研材料入手进行评估。首先，对于政策文本，将采用文献研究法进行梳理和归类，对安徽成果转化的政策内容、范围有初步了解。其次，对成果转化的实际过程和其中的利益相关者进行分析，深入理解相关政策设计的出发点和政策的实际作用点。最后，结合实际调研与座谈记录，总结安徽省在成果转化过程中的优秀做法和目前仍然存在的问题。

因此，在确定评估对象、评估目的和评估方法后，本书将构建成果转化政策组合评估的三维框架如图5-1所示。

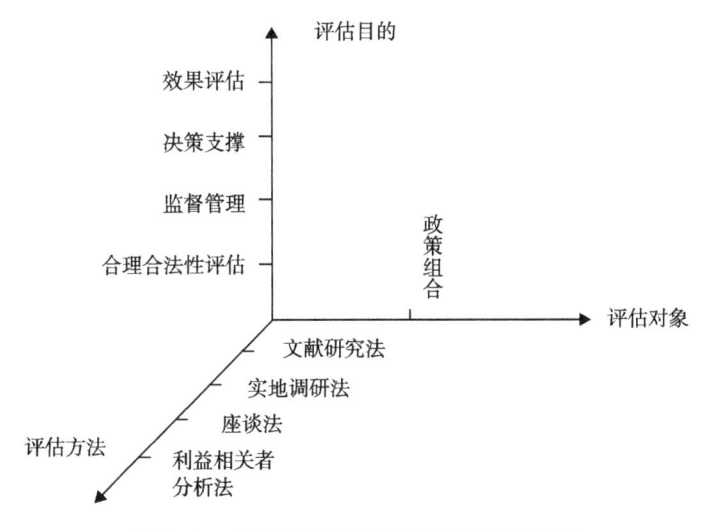

第五章 政策组合评估：全面创新改革试验的成果转化政策

图 5-1　成果转化政策组合评估的三维框架

资料来源：笔者绘制。

三、成果转化政策组合的评估流程

本书在确定成果转化政策组合的评估目的和评估方法后，按照文本分析法和利益相关者分析法，对安徽省在全面创新改革试验过程中出台的成果转化政策组合进行详细梳理，成果转化政策组合中各政策的作用环节和政策工具等，结合成果转化过程中的参与主体，分析其行为动机、行为特征和政策诉求，结合已出台试验的政策进行深入研究。在此基础上，结合调研和座谈内容，对全面创新改革试验中可推广的政策模式进行提炼总结，最后，总结成果转化政策中仍然存在的问题，并给出相应的政策建议。

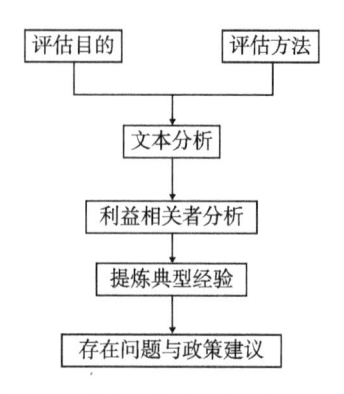

```
         ┌─────────┐    ┌─────────┐
         │ 评估目的 │    │ 评估方法 │
         └────┬────┘    └────┬────┘
              └──────┬───────┘
                 ┌───┴────┐
                 │ 文本分析 │
                 └───┬────┘
            ┌───────┴────────┐
            │ 利益相关者分析 │
            └───────┬────────┘
            ┌───────┴────────┐
            │ 提炼典型经验   │
            └───────┬────────┘
            ┌───────┴────────┐
            │ 存在问题与政策建议 │
            └────────────────┘
```

图 5-2 成果转化政策组合评估流程

资料来源：笔者绘制。

第三节 全面创新改革试验成果转化政策评估内容

一、成果转化政策组合的内容分析

本节对安徽省出台的成果转化政策进行梳理和分析。已有的政策文本分析通常聚焦在所有政策的关键词词频、政策之间相互关系以及发文单位的数量和相互关系的研究较多（张永安和闫瑾，2016）。在其他维度的分析上，王永杰和张善从等（2018）在对科技成果转化政策进行定量化梳理的过程中，按照成果转化不同的关键环节和要素，将科技成果转化的政策分为 11 个分析维度：技术权益维度、资金投入维度、科技成果信息汇交与科技中介服务维度、人才维度、科技成果转化基地方面维度、科技成果转化法律责任与制度建设维度、税收维度、知识产权保护与管理维度、产业集群发展维度、激励维度、高校和科研院所产业管理维度。马江娜等（2017）将科技成果转化政策按照成果转化的创新链视角展开梳理，并将创新链分为四个阶段：研究开发、生产试验、商业化与产业化，并结合政策工具维度来梳理科技成果转化相关政策。

第五章 政策组合评估：全面创新改革试验的成果转化政策

本节将以安徽省自2016年全面创新改革试验开始出台的有关科技成果转化的政策进行梳理，主要依据皖政办〔2016〕40号、皖政〔2017〕76号、皖政办〔2017〕77号和皖教科〔2016〕3号等几个主要政策文件。根据政策内容和政策对象，本节将该省份在成果转化方面出台的政策分为两类：成果转化服务类和成果转化管理类，其中成果转化服务包含：成果转化服务平台建设、人才支撑队伍建设、科技成果信息共享与发布体系建设和金融支持；成果转化管理包含：成果转化制度化管理、人事管理、成果转化收益分配管理、成果转化三权分配管理、成果转化所得税管理、成果转化定价机制、补贴与奖励、成果转化合作机制和免责条款等。如表5-1所示，其中成果转化服务类政策包含21项，成果转化管理类政策包含38项。其中成果转化收益分配管理改革力度较为突出，也一直是成果转化的重点，服务平台建设是政策较为容易操作的抓手，也符合政府一贯提供服务和环境的职能定位。

表5-1 政策工具的分布

政策类别	数量	政策类别	数量
成果转化服务平台建设	12	成果转化制度化管理	3
人才支撑队伍建设	4	人事管理	3
科技成果信息共享与发布体系建设	4	成果转化收益分配管理	14
金融支持	1	成果转化三权分配管理	2
		成果转化所得税管理	5
		成果转化定价机制	1
		补贴与奖励	6
		成果转化合作机制	3
		免责条款	1
合计：成果转化服务类	21	合计：成果转化管理类	38

资料来源：笔者依据政策文本分析绘制。

此外，以罗斯威尔和泽福德（1985）和国内多数学者对政策工具分类的标准，将政策工具分为供给类政策工具、环境类政策工具和需求类政策工具。在成果转化政策组合中，供给类政策工具指政策通过改善成果转化活动的要素供给，来达到促进成果转化进行的目的，其中包括人才、信息、技术、资金等措施；环境类政策工具为成果转化活动提供良好的政策环境，而间接达到影响活动的目标。环境类政策工具一般包括财税、金融、法律规范等；需求类政策工具的特征是政府通过采购、贸易管制等拉动需求端产出的方式，来促进政策对象的发展。其中包括政府采购、服务外包和贸易管制等（黄萃等，2011）。

按照相关政策工具梳理，安徽省全面创新改革试验成果转化政策供给类政策工具主要包括成果转化平台建设、人才支撑政策、科技成果信息共享与发布体系建设、成果转化合作机制探索、奖励与补贴政策；环境类政策工具包括金融支持、成果转化工作制度化管理制度、人事管理制度、成果转化收益分配管理机制、"三权"分配管理机制、成果转化所得税管理机制、定价机制和免责条款。需求类政策工具则较少。供给类政策工具共29条相关政策，环境类政策工具共30条相关政策。由此可以看出，安徽省在成果转化政策试验的政策工具主要集中在供给类和环境类，且两种类型政策数量基本相同。而需求类政策工具数量较少，这与成果转化这项活动本身的特征有直接关系。

二、成果转化过程及利益相关者分析

（一）成果转化的过程分析

成果转化过程简单来看是成果从高校和科研院所向企业转移和转化后收入从企业向高校、科研院所的回流。本书将成果转化过程进行简单概括，其中，成果转化政策作用的中心是人，也即"科研人员"，科研人员既涉及对成果的三权归属，也同样面临成果转化收入的分配问题。同时，在整个科技成果转化过程中，科研人员可能面临离岗创业，或者参与成果转化的需要，政策需对涉及这类问题的人事管理进行相关规定。安徽省的试点政策成果转化在以下阶段的集中体现为：

1. 成果从科研院所到企业转移的阶段

在成果转移过程中，由于技术本身具有缄默性的特征，即存在难以明确表达和说明的隐性知识。而隐性知识的转移则需要掌握技术诀窍的科研人员传播，因此在成果后续转化时，核心科研人员会参与到实际转化的过程中，成果转化中的人事管理问题是各高校、科研院所不可避免的。安徽省在皖政办〔2017〕77号文中，对于科研人员离岗参与成果转化等创新创业活动，规定在经单位同意后可离岗创业，3年内保留其人事关系。此外，其离岗期间的工资调整、职称评审、职位晋升、项目延续、年金缴纳以及成果转化的收入归属的权利均在文件中有明确说明。文件充分给予了科研人员离岗创业所需的权利保障，但同样强调了高校、科研院所与科研人员的义务约定，并执行兼职公示制度和获得股权及红利等收入的报告制度。

成果的定价。成果转化过程中的关键问题是成果的定价。高校和科研院所的科技成果是无形资产，也是国有资产。2015年修改后的《促进科技成果转化法》第十八条规定成果需遵循协议定价、在技术交易市场挂牌交易、拍卖等方式确定价格。安徽省此次在皖政办〔2017〕77号文中，按照《促进科技成果转化法》中规定的定价机制，规定了协议定价的公示时间、公示制度、异议处理程序和办法。成果转化涉及国有资产的处理，尽管《促进科技成果转化法》规定了国家设立的研究开发机构、高等院校对其持有的科技成果可以自主决定转让、许可或者作价投资和定价，但成果转化在涉及国有资产处理问题时，依然遵照事业单位国有资产管理办法进行管理，用国有固定资产的管理方式和程序进行监管、评估备案、产权登记、使用和处置审批。安徽省在探索相关改革的过程中选择安徽大学率先开展试点，对科技成果等技术类国有无形资产管理进行改革，不再比照固定类国有资产的处置方式，按照"统一领导、归口管理"的原则，明确管理机构和职责，简化管理流程。在资产确认和计量上，授权完成团队所在单位完成资产计量后，报学校科技处登记，且资产未产生经济价值时，不进行会计核算，在国资管理的安排上有很大的改善。

成果的权利归属问题是成果转化政策改革突破的重点。安徽省在皖政〔2017〕76号文中规定，将符合条件的科技成果"三权"全部下放给项目承担单位，并且在皖政办〔2017〕77号文中提出，允许横向委托项目承担单位和科技人员通过合同约定成果使用权和转化收益，探索赋予科技人员成果所有权或长期使用权。在《促进科技成果转化法》第十九条中提到的关于权益归属，在研发人员与单位自行商定的基础上，探索研发人员在横向项目的更多权益。

成果转化平台建设方面，安徽省首先在皖政办〔2016〕40号文中，提出建立完善的科技成果信息登记制度等4条政策，强调加强与国家科技成果信息系统的交互对接，鼓励高校院所、企业等通过省级科技成果数据库和数据服务平台，发布科技成果和技术供需信息等一系列政策，构建了高校科研院所与企业信息的互通渠道，打开了成果提供方与需求方的"市场"，做到了转化前的信息互通。

鼓励对成果进行评价。高校、科研院所强调成果的科学价值和技术的先进性，而企业吸收成果更加注重其市场接受度和应用价值。科技成果从产出到应用还存在很大的距离。因此，成果评价是将成果从研发到应用价值标准统一起来的纽带。安徽省的具体做法是，鼓励有条件的技术转移机构、科学学会协会等探索开展市场导向的应用技术成果和软科学研究成果评价试点，为科技成果的交易估值、作价入股和质押融资等提供辅助决策和参考依据。科技成果评价试点为成果市场化交易探索出了积极的一步。

成果的中试熟化是继科学研究阶段、技术性成果阶段的第三个重要阶段，是完成成果产业化的重要支撑。成果从科技研究到商业化，研发投入要相应增加很多倍，在中试熟化阶段，技术成果的市场导向和发展路线都相对明晰，高校和科研院所在财力、物力及市场嗅觉度等方面尚有差距，成果中试熟化的市场化运作是必然要求。安徽省建设市场化运营的科技成果中试熟化载体和新型研发机构为成果转化的后续阶段提供服务，大大促进了成果从科学价值向技术价值转变，更加符合市场的实际需求。安徽省在皖政办〔2016〕40号文件中有3条政策提出科技成果转移转化基地、科技成果转移转化示范区的建设，为成果转化提供了场所，并依靠创新资源集聚的地区，建设成果转化基地和示范区，更利于成果转化示范和集聚化发展。

鼓励成果转化 → 成果转化信息平台建设 → 成果评价试点 → 建设产权交易所 → 成果转化基地、示范区

图 5-3 政府在成果转化政策环境支撑中的作用

资料来源：笔者绘制。

2. 转化收入以多种形式从企业到高校、科研院所的阶段

高校、科研院所和科研团队在技术成果转让收入分配方面面临同样的问题。当时，我国2015年修正的《促进科技成果转化法》中规定，将职务科技成果转化净收入或以作价入股形式的股份分配不低于50%的部分奖励给科研团队，安徽省在皖政〔2017〕76号文件中将这一比例提升至70%，甚至在合肥综合性国家科学中心，科技成果转化收益用于奖励

重要贡献人员和团队的比例首期可达90%，收入纳入工资总额，而不计入工资基数与《促进科技成果转化法》保持一致。文件中还规定，成果转化涉及正职领导，不予以股权分配的说明。对成果转化收益的所得税缴纳也做了相关规定。

3. 环境建设

除信息平台建设、交易平台建设以外，安徽省政府还积极打造成果转化的环境建设。在奖励补贴方面，省政府围绕对成果转化业绩良好的机构、团队进行奖励，对相关的成果转移转化活动进行补贴。构建良好的金融支持环境，对实施成果转化的企业予以融资便利。在成果转移转化中介力量的建设上，培养一批具有专业知识和能力的人才队伍，服务成果转移转化。同时，设置免责条款，在涉及成果定价方面，单位负责人只要在成果转化当时勤勉尽职，若后续价值发生变化，事后也可以予以免责处理。环境政策为成果转化的顺利进行提供了有力的保障。

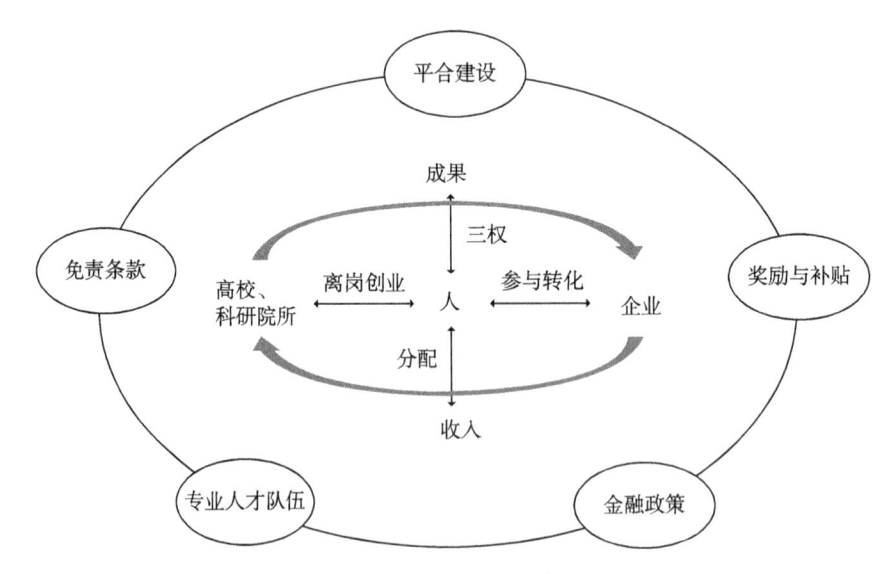

图 5-4 成果转化过程及政策作用机制

资料来源：笔者绘制。

（二）成果转化利益相关者分析

成果转化是一个典型的包括政产学研金介等多方主体参与的创新过程。每一个参与主体在政策设计和执行过程中充分发挥自身作用，解决相关利益冲突，是保障政策效果和政策顺利执行的有效途径。成果转化涉及的利益相关者众多，本书将成果转化涉及的利益相关者分为高校、科研院所、企业、中介、地方政府、中央政府、金融机构、中试熟化载体以及新型研发机构等多个参与主体。

其中高校、科研院所是成果转移转化的主体，高校的主要活动是基础研究，其科研成果往往追求科学价值和技术前沿性，对成果的实用性和市场接受程度考虑不足，距离市场化还有很大的距离。实际上，高校的职能决定着其科研组织、成果评价标准、创新文化是按照科学研究，而不是技术创新的特点而设定的（梅姝娥和仲伟俊，2007）。因此，除成果本身与企业需求有很大差距外，高校和企业的科研评价导向不同也是成果转化的障碍之一。因此，要求科研人员既满足高校以科学研究为导向的考核标准，又在成果产业化方面投入精力是很困难的。而科研人员在横向成果转化的利益引导下，科研的注意力和精力被分散牵扯，在科学研究上的精力投入可能难以维持。科研院所应用型研究较高校多，但同样面临人事管理考核的矛盾。此外，由于很多院所属于央企管理，如安徽中电科38所，归属中国电科管理，在参与改革过程中，既要参与地方政策试验，又要遵循母公司考核标准以及对国有资产处置的规定，在一定程度上影响了成果转化的积极性。

企业作为成果转化的末端，是成果转化的需求方，也是转化成功与否的关键。企业需要能最大限度满足市场要求、可以投入生产应用的科技成果。高校和科研院所的科技成果距离市场远，实现产业化需要持续大量投入中试熟化，企业承担着从成果的吸收到应用的大量不确定性。

成果转化平台和风投公司。在成果转化过程中，高校、科研院所和企业对于转化成果的需求不同，又存在成果成熟度与应用前景探索需要大量投资的问题，因此需要成果转化平台和风险投资提高成果转化的成功率。成果转化平台的主要形式有科技成果中试熟化载体、新型研发机构和其他形式的创新合作平台等，作用为承接高校、科研院所的项目中试、成果转化、孵化投资和创业等服务，其中有高校和科研院所建设的技术转移机构，也有社会资本建设的投资多元化、运行市场化的机构。成果成熟化应用的重要推力来自风投公司，在成果中试熟化的过程中，由于目标市场的模糊性和大规模的投入而存在较大风险，风投在了解市场需求的情况下，能够对成果转化予以大力支持。中国科学技术大学在推广一项变革性技术时，在技术应用前景广阔、技术成熟度高等多种有利因素下，却因投资金额大、天使投资基金规模不够而找不到合适的融资渠道。此外，也有合肥研究院和国有资本合作成立科技成果转化基金，专门用于示范基地成果转化，目前已有多个转化项目得到了资金的支持。

中央政府和地方政府在试点改革和政策制定方面有不同的作用。地方政府是全面创新改革试验的推动者，地方政府根据实际出现的问题和障碍出台具体的政策，以地方区块为主体推进改革、实行试点，中央政府则需要对地方政府上报的改革举措进行审批和授权。同时，中央政府部门在其各自领域依然有相关法律法规规定，而一项改革措施也往往需要多个部门协同授权和管理。比如在成果转化实际操作过程中，无论是《促进科技成果转化法》，还是安徽省皖政办〔2017〕76号文件中，都提出将符合条件的科技成果"三权"下放给项目承担单位，但是单位资产处置受国资委相关方面政策的限制，仍然要遵照国有固定资产的处置规定。因此，地方政府既要遵照中央政府的规定改革，也在实际推行中受原有中央政府政策的限制。中央政府需要统筹协调，给予地方政府更多自主权。

科技中介是成果转化的桥梁，培育一批专业的成果转化人才队伍是提高成果转化成功率的重要保障。安徽省在皖政办〔2016〕40号文件中提出，实施科技专家服务基层行动计划、科技特派员制度；鼓励高校、科研院所、企业中符合条件的科技人员从事技术转移工作。建立成果转移转化平台，将创新资源集聚，培养成果转化机构，并对优秀的机构进行补贴和奖励。

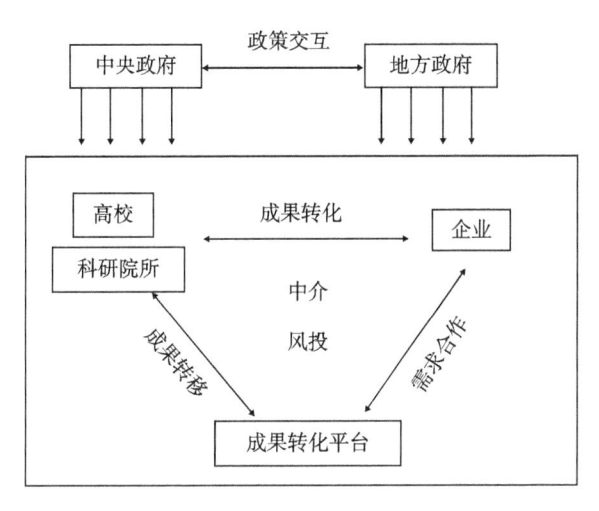

图5-5 成果转化的利益相关者分析

资料来源：笔者绘制。

三、效果评估及政策模式提炼

安徽省近两年科技成果转化初步建立了成果转化全链条，取得了良好的成果。据统计，2017年安徽省全省高校、科研院所以转让、作价、许可等方式共转化成果347项，转化总收入达8.35亿元，分别较前一年增长74.4%和81.9%。其中，中国科学技术大学通过专利转让、许可、作价入股等方式累计转化成果总额2.7亿元。全省共输出技术合同18211

项，合同交易额249.57亿元，较上年增长14.8%，共吸纳技术合同17953项，合同交易额270.68亿元，较2016年增长34.2%。2015年至2017年，全省技术合同成交额、合同数量指标呈快速增长态势，新创企业的数量每年也在大幅增长。2016—2017年，新增企业数量超过10000家。全省技术合同交易额由2015年的190.53亿元，增加到270.7亿元，年均增长19%。在新型显示、生物健康、智能语音、高端装备制造等领域成功转化了一批重大科技成果。

表5-2　2015—2017年安徽省成果转化主要产出指标情况

年份	GDP（亿元）	技术合同成交额（亿元）	合同数量（项）	新增企业数量（家）
2015	22006	190.53	12491	4225
2016	24408	217.74	12969	8438
2017	27518	270.7	17953	11176

资料来源：国家统计局、安徽省工商行政管理局。

在具体可推广的改革政策或创新模式上，安徽省探索出了成果转化的"天长模式"。"天长模式"是一种以企业需求为导向的政产学研用深度合作的科技成果转化模式。合肥工业大学（以下简称合工大）和天长市政府建立合作关系，天长市政府每年设置500万元的产业创新引导资金，与合肥工业大学成立调查组进行深入调研，摸清地方主导产业发展现状，凝练出一批产业关键共性技术需求，进而形成项目需求指南。然后面向合肥工业大学科研团队招标，集中帮助企业解决科技成果转化、技术改造升级的重难点技术问题。这种合作方式将企业共性技术需求"传导"回学校基础研究和应用研究第一线，通过技术、产业、资本和市场深度融合整合了成果转化的多种资源。截至2018年5月，合工大已为天长实施了2个产业共性项目、3个行业软课题研究项目、1个省科技重大专项和1个校企合作项目。此外，"天长模式"在安徽省多个地区获得应用，合工大先后与合肥长丰、阜阳临泉、安庆、马鞍山含山等地签订了政产学研合作协议，合作经费近2000万元，并带动企业研发投入超过1亿元，与相关企业共同研发并转化了高性能数字式流量传感器、PVC柔性生产线自动系统等科技成果。

"天长模式"是安徽省政府尝试的一种新型政产学研合作的模式，其在合作机制上打破了传统成果转化机制，即高校产出科研成果，企业通过中介寻找所需成果，并继续消化吸收的一贯方式，以政府为桥梁，将企业的需求直接引导成为高校科研的研究方向，并对科研人员参与成果转化和流动工作做出了相应安排，即设立研究人员常驻联合实验室。同时在此合作机制中给予了金融支持，设立了地方政府和合工大的联合基金，为成果转化做好了持续保障。经过试验，经过实地调研评估，"天长模式"取得了很好的成效，合作单位在安徽省具有良好的科研基础和经济实力，地方政府在成果转化基金的投入可根据实际产业共性技术需求规模和具体情况而不同，但基金还缺乏一定的循环机制，即成果成功商业化后，是否需要通过一些方式使得基金运转得以持续，还需要该模式继续试行和完善。

四、政策存在问题与建议

根据上述政策分析和实际调研情况，本书评估发现安徽省实施成果转化还存在以下问题。

第一，中央政府与地方政府政策不协调。成果转化政策在执行期间还面临诸如上下级政策不协调的问题。如中科大按照规定鼓励科技人员在岗兼职从事转化工作、允许科技人员离岗创业，但又受到来自中央巡视组的整改要求。这意味着在全面创新改革试验中，关于科研人员可以以离岗创业的方式参与创新创业，在中央层面还没有达成普遍一致，高校、科研院所和科研人员的考评标准还没有转变。地方全面创新改革试验的举措属于试验政策，中央政府各部门按照现有法律法规执行，对于改革的知晓度和配合度并不高。如果没有中央政府对地方政府全面创新改革试验的整体授权，改革试错的风险无人愿意承担。建议加强多部门的协调沟通，从中央层面出台政策措施，予以试验区政策先行先试，改革政策较其他政策优先保证，保障改革政策充分试错，以获得可借鉴推广的政策经验，减少不必要的政策冲突和政策成本。

第二，政策落地有困难。2015年10月修正施行的《中华人民共和国促进科技成果转化法》明确强调了成果转化单位对成果转化收益的处置权，但下放至事业单位后，仍需遵守《事业单位国有资产管理暂行办法》（财政部令第36号）、《中央级事业单位国有资产管理暂行办法》（财教〔2008〕13号）等法规条例。国有资产管理规定科研院所实施科技成果转化发生投资损失，仍要追究国有资产流失责任，《促进科技成果转化法》和相关国有资产管理办法仍需要有效衔接。建议加快出台针对科技成果转化的配套国有资产改革措施，出台对知识产权等无形国有资产的处置规定，加快落实科技成果转化风险容忍和尽职免责相关政策。考虑将科技成果的所有权和处置权全部下放至单位，以更为信任和充分释放创新活力的方式管理国有资产[①]。

第三，成果转化的金融支持有待进一步加强。高校科研成果市场化难度较高、过程较长，需要有相应的资金投入产业化研发。由于投入的体量大、风险高，高校没有条件支持下一步的研发投入，还需要发挥风投机构在成果转化环节的积极作用，围绕成果转化的金融支持有待进一步加强。比如中科大的环保阻燃防腐油漆技术属于变革性技术，技术成

---

① 美国《拜杜法案》中明确规定，对于联邦政府资助产生的科技成果，其所有权归大学，联邦政府对成果的干预仅限于在大学未能转化该成果时，决定谁来继续实现成果的商业化。

熟度也已达到7级或8级，但前期投资需求资金量大，天使投资的规模不够，仍然存在融资困难问题。建议进一步加强金融支持建设，鼓励风投机构参与成果转化，建立促进金融机构繁荣发展的市场机制，探索金融机构在成果转化的政策经验。

第四，不同类型高校、科研院所定位不清。高校和科研院所的工作特点，尤其是理科院校和以理论研究为主的科研院所，是在一个相对宽松的氛围下自由探索，凭借自身兴趣进行科学研究，探索研究的科学价值。结合高校的职能定位，高校的考核标准和体系也是围绕对科学研究作出的贡献而判断的。科研成果转化为技术是紧密联系市场的，高校和科研院所没有资源、精力兼顾自由探索和产业化。而全面创新改革试验要求高校、科研院所鼓励科研人员离岗创业，并保留人事关系、工资、升迁等权利，对科研人员的考评价值体系是一个冲击，也会导致高校人心不稳、风气浮躁的现象发生。此外，由于科研人员缺乏资金支持和市场化经验，在岗创业的成功率可能也并不高。建议首先认清理科院校和工科院校在成果转化过程中职能的不同，对两者的要求不能一概而论。应该大力鼓励工科院校在成果转化方面的参与度，对理科院校的要求应该较工科院校低。其次，可以通过加强校企合作的方式，强化高校和企业的交流合作，通过建立合作实验室的方式与科研人员密切沟通，或者通过高校自身的技术转移转化机构，将成果转化事宜交予专业人才队伍，实现成果转化的专业化分工，提高成果转化成功率。

此外，由于全面创新改革试验是一项试验政策，目的在于将试验区的成功经验复制推广至其他地区。但在改革试验政策的评估时面临一些固有问题。第一，能够被选作试点区域的省市，本身经济基础良好、科技成果丰硕，相对其他地区有更好的持续创新能力。因此，在这些地区行之有效的改革政策，在其他地区可能因为基础条件差、市场化程度低等多种因素而并不能产生同样的效果。第二，一些地区被挑选为改革试点，不免会产生被重视的心理，进而在改革试验过程中加倍投入资源进行改革创新。因此，出台的政策也不可避免地会出现用力过强、政府参与度过高而破坏市场规则或政策成本过大等现象（张克，2015）。第三，3年内实现有成果可推广的政策经验这一目标对试验区要求较高。各地出台的政策大多着力于短时期内可以出成果的政策，一些长久以来制约发展的体制机制问题，由于改革难度大而被搁置和绕行，甚至一些试点区域试图通过搞一次性工程来获得国家审批和支持。这些现象只短暂地考虑了地区发展，而违背了全面创新改革试验可推广示范的初衷，同时浪费政策资源。

第四节　全面创新改革试验成果转化政策三维评估框架

本章在根据全面创新改革试验要求和成果转化政策组合的特点，确定了成果转化政策组合的评估目的为效果评估、决策支撑、监督管理和合理合法性评估。结合所能够获取的评估资源和评估目的，选择评估方法为文献研究法、实地调研法、座谈法和利益相关者分析法等。本章通过对政策文本的分析和政策过程与利益相关者的分析，对政策组合的政策工具和政策组合进行评估，并总结政策问题，提炼改革相关创新模式。在此研究基础上，本章对"对象—目的—方法"三维框架进行完善和丰富，构建了成果转化政策组合评估框架，如图5-6所示。

本书根据三维评估框架对成果转化政策组合进行评估，并在评估后将政策组合的特征和评估重点与三维评估框架相结合，进一步完善和丰富了三维评估框架，对未来其他政策组合评估具有一定的借鉴和指导

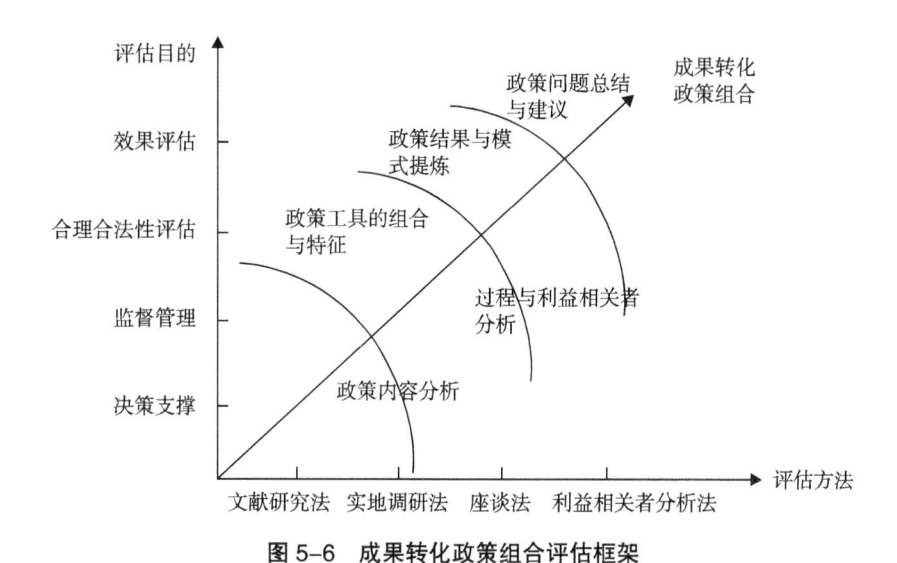

第五章 政策组合评估：全面创新改革试验的成果转化政策

意义。

图 5-6 成果转化政策组合评估框架

资料来源：笔者绘制。

第五节 本章小结

本章以"对象—目的—方法"三维框架为基础，对安徽省全面创新改革试验的成果转化政策组合进行评估。本章以全面创新改革试验区安徽省的成果转化政策组合为评估对象，根据全面创新改革试验试验的目标，确定全面创新改革试验成果转化政策的评估目的为效果评估、决策支撑、监督管理和合理合法性评估。根据成果转化政策工具复杂、参与主体众多等特点，采用政策的文本分析法、利益相关分析法、实地调研法和座谈法等。

本章首先将安徽省已出台的政策进行详细梳理，政府服务类政策较多，并且成果转化政策试验的政策工具主要集中在供给类和环境类，需求类政策工具数量较少，这与成果转化活动的特征有直接关系。再结合成果转化过程和利益相关者分析对政策进行深入分析，对政策出发点和作用点有了更详细的认识。在上述分析基础上，结合实地调研和座谈的结果，对试点过程中的优秀做法，如"天长模式"进行提炼和分析，认为该模式具有一定的可推广性，但仍需继续完善，最后对现存成果转化政策组合在实际运行过程中仍然存在的问题进行归纳总结，认为全面创新改革试验成果转化政策在中央与地方政策协调性、政策授权的彻底性、支持成果转化的金融环境建设和参与主体的清晰定位方面仍存在一些问题，并根据实际情况提出了相应的政策建议。

最后，本章在成果转化政策组合评估过程中，通过政策内容分析、政策作用过程分析和政策利益相关者分析，对该政策组合的政策工具和政策组合关系与政策存在的问题进行评估，并提出相应的建议。本章最后将该政策组合的评估实践与创新发展政策组合的"对象—目的—方法"三维评估框架进行融合和发展，对其他创新发展政策组合的评估有一定的借鉴和指导作用。

第六章

政策体系评估：OECD 国家创新政策体系评估

第六章 政策体系评估：OECD国家创新政策体系评估

本章以《OECD中国创新政策研究报告》为对象，解析OECD对国家创新政策体系的评估框架、流程、内容和方法等，并补充说明本书所构建的创新政策体系的评估框架。

第一节 国家创新政策体系内涵

国家创新政策体系是国家创新系统的重要组成部分，构建了国家创新系统的政策框架，塑造了国家创新系统的政策环境。国家创新政策体系是创新在不同领域、不同环节的政策总和，是覆盖包括科学发现、技术发明、方法创新、商业化应用和社会推广的创新活动过程，与科技政策、财税政策、金融政策、教育政策和环境政策等相关的政策总和（穆荣平，2009），如图6-1所示。

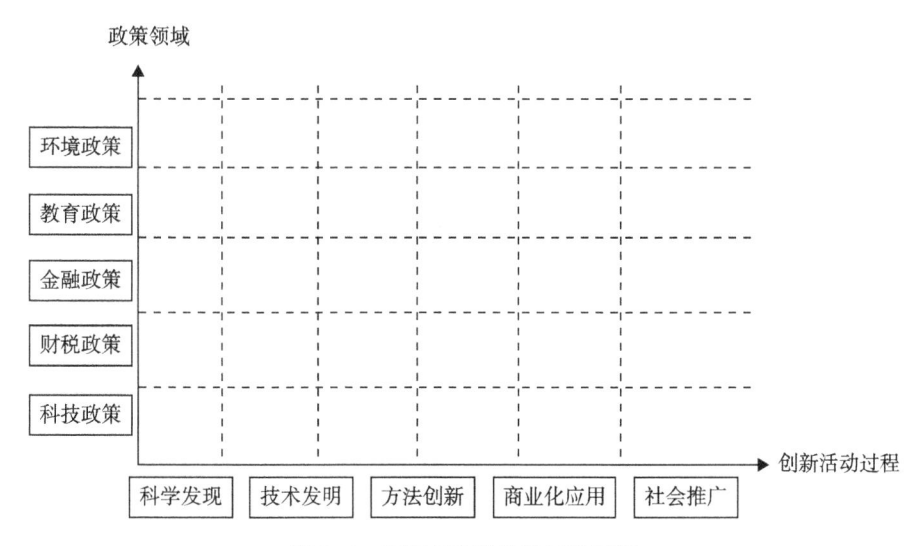

图6-1 国家创新政策体系的范围

资料来源：笔者绘制。

《OECD 创新政策研究报告》(以下简称《报告》)是 OECD 针对 OECD 国家创新政策发展情况的评估研究成果,目的在于协助相关国家政府推进创新导向下的经济与社会发展。OECD 已完成对智利、卢森堡、新西兰、挪威、南非和瑞士等国的创新评估报告。对中国创新政策的研究是 OECD 科技政策委员会在中国科技部要求下,由 OECD 科学技术工业总司和中国科技部共同完成的。《报告》对我国创新政策的演变、特点及存在的问题都进行了深入的研究,是迄今为止对中国国家创新政策体系幅度最大、层次最深的调查研究。

第二节 OECD 中国国家创新政策体系评估目的和方法

一、评估目的

国家创新体系评估《报告》的主要目标在于:第一,评估并预测中国科技创新在经济社会发展中的作用;第二,归纳总结当前中国国家创新体系在组织结构、政策治理、行为绩效、全球化整合以及发展潜力等方面的现状与特征;第三,为中国如何提升国家创新体系,并保证平稳地融入全球化知识经济浪潮提供政策建议;第四,在中国与 OECD 国家的学者与政策制定者之间打造创新政策领域相互学习、借鉴的交流平台(薛澜等,2011)。

根据本书对政策评估目的分类,OECD 对国家创新政策体系的评估目的可总结为:第一,对政策的效果评估,其中包含对国家、区域创新政策体系绩效评估和对经济社会发展的影响;第二,监督管理,对创新发展政策体系的主要政策工具和政策组合进行分析,发现政策体系中存在的问题;第三,决策支撑,为中国国家创新政策体系的改善和提升提供建议;第四,合理合法性评估,通过对中国国家创新政策体系历史和

第六章　政策体系评估：OECD 国家创新政策体系评估

国际比较研究，分析政策体系演变的合理性和与国际性有关法律合法性，以及通过对政府职能的评估研究，考察政府在创新政策体系的作用等。

OECD 工作组对国家创新体系尤其是创新政策体系的评估是对一个国家或地区过去相当长一段时间内创新政策发展的审视和经验总结。OECD 作为外部评估工作组，通过对中国国家创新政策体系的评估，能够对中国的国家创新政策体系有总体的把握，指出中国创新政策体系存在的问题，并提出相应的政策建议。对我国创新政策体系发展提升和国际交流都有着积极意义。

二、评估方法

OECD 对中国国家创新体系的评估从 2005 年开始，在 2008 年形成中国创新政策研究报告。该报告分为两部分：一是专题报告；二是综合报告。调查期间，工作组由中方专家和外国专家联合组成。中外专家通过研讨会、实地调研、文献研究、与企业和科研院所座谈等方法对中国国家创新政策体系进行研究。

文献研究是所有工作的基础，通过对政策文件的梳理和有关资料的查询，专家对中国创新的相关领域有了初步的了解，同时也作为后续评估的证据支持。实地调研和座谈会是专家们与包括官员、企业、高校和科研机构等在内的创新政策体系的重要主体进行面对面交流，获得第一手资料的重要方法，这一过程丰富和补充了文献研究工作，在实践过程中弥补了文献研究的不足。研讨会创造了专家交流不同意见的机会，通过讨论不断验证并吸收相关观点和意见，使创新政策研究报告得以逐渐发展并完善。在内容分工上，专家一方面进行不同模块内容的研究以形成专题研究，另一方面与 OECD 工作组共同成立科技政策委员会，并发起研发全球化研讨会、企业论坛等，对综合研究的主要方向和问题开展深入调查。综上，本书构建 OECD 中国国家创新政策体系的评估框架，如图 6-2 所示。

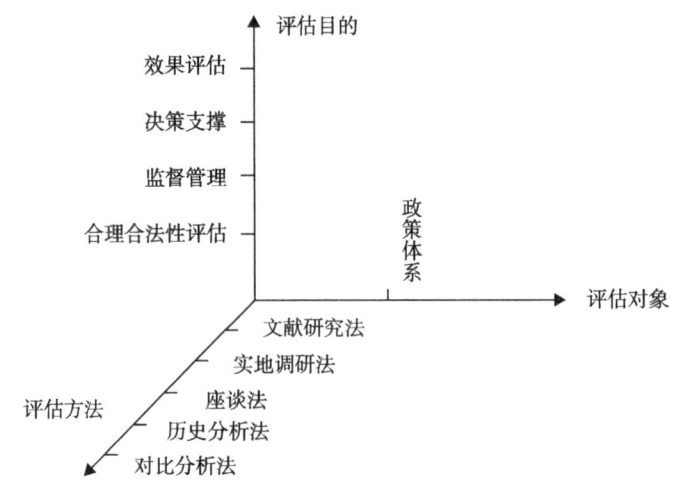

图 6-2　国家创新政策体系评估的三维框架

资料来源：笔者绘制。

整个评估工作包含以下内容：评估专家组通过任务观察和实地调研完成了观察报告和路线图；通过统计指标研讨会讨论，得出了统计指标背景报告；通过科技政策委员会特别会议和 OECD——科技部北京会议，完成了论文发布和最终报告草案以及综合报告草案。在整个评估过程中，综合研究和专题研究同时进行，中外专家就中国创新政策存在的问题提出了各自不同的意见与建议，在综合研究和专题研究的互相补充和配合下，于 2008 年完成了最终的评估报告，如图 6-3 所示。

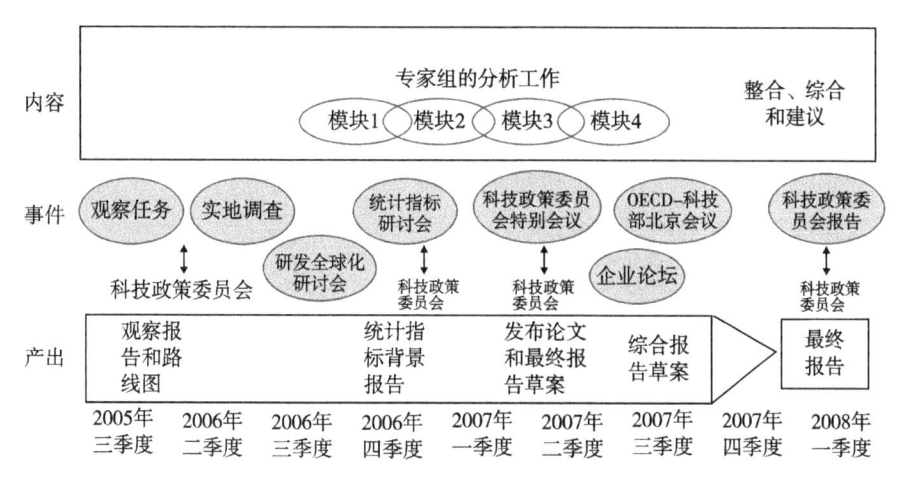

图 6-3 OECD 中国创新政策研究工作流程

资料来源：OECD 中国创新政策研究报告 [M]. 薛澜，柳卸林，穆荣平，等译. 北京：科学出版社，2011.

第三节　OECD 中国国家创新政策体系评估内容

OECD 对中国国家创新政策体系的评估从政策的历史演变和国际比较开始。分析了我国自 1978 年改革开放以来，4 次全国科技大会对我国科技创新政策体系的影响，以及不同时期科技创新政策的重点与导向。研究了中国创新体系的框架条件，这一框架条件包含了教育、市场竞争、公司治理、金融创新、知识产权保护、技术标准和政府采购等领域的创新政策，并通过对框架政策的评估，发现了当前阻碍中国创新发展的障碍。然后从政策组合视角考察中国的科技创新政策以及主要的政策工具——"计划"，从体制机制上给出了政策组合和工具的改革要点。最后，对中国创新政策体系的治理，即政府在政策过程中的功能进行了深入调查和研究。

一、中国国家创新政策体系的历史演变分析

创新政策体系的历史演变分析,是对政策体系在时间维度上的评估分析,评估者能够了解中国创新政策体系的演变和发展过程,对中国国家创新政策体系有整体和系统的了解。

OECD 总结了中国科技创新政策的发展与改革以 4 次全国科学技术大会(1978 年、1985 年、1995 年和 2006 年)为标志,形成了 4 个重要的政策发展阶段,历届全国科学技术大会对中国科技体制都有深刻影响。从 1978 年开始,科技知识分子在经济发展中的生产力地位得到恢复。这期间,全国对公共科研机构的投资以及对公共科研机构的生产力和创新活力从制度层面上有所释放。有一部分公共研究机构从体制中分离出来,更好与产业界对接。1985 年的科学大会,旨在克服研发与产业活动的脱节问题,因此引入市场竞争,增加公共研究部门来自私有部门的资助,通过提高私有部门的研发投入占比等方式,使公共部门更加市场化,私人部门在创新系统中更加活跃。1995 年开始实施"科教兴国战略",在此之后,从以公共研究机构为中心的创新体系逐渐向以企业为中心的创新体系转化,以企业为主体的创新体系也在这个时期逐渐建立起来。2006 年开展了全国科学技术大会和第一个科技规划——国家中长期科技发展规划(2006—2020 年),创新政策在这一时期开始强调国家自主创新能力,中国国家创新政策在这个时期向更协调、更具整体性的方向发展。

从 1975 年到 2007 年,中国的国家创新政策体系中的创新主体——政府、公共研究机构和大学之间的关系越来越紧密,经过不断演变并最终确定了以企业为中心创新主体之间紧密联系的中国国家创新体系。创新政策的重点从转变对科技创新的错误认识,到改革科技体制中公共研究机构和企业的定位,通过不断改革制约创新活力的体制机制障碍,不断激发创新主体的创新活力。中国科技创新体制改革演变的特点可以总

第六章 政策体系评估：OECD国家创新政策体系评估

结为：从计划到市场化、从笼统到具体、从分散到整体、从不协调到协调。在此基础上，中国国家创新政策体系不断吸收国外先进经验，尤其是OECD成员国在创新领域的优良做法，形成了以"强化企业创新主体地位、厘清政府和市场关系、激发科研机构和大学的创新活力"为主体的改革思路和基本路线，以此奠定并形成了当前中国创新政策体系的基本框架。

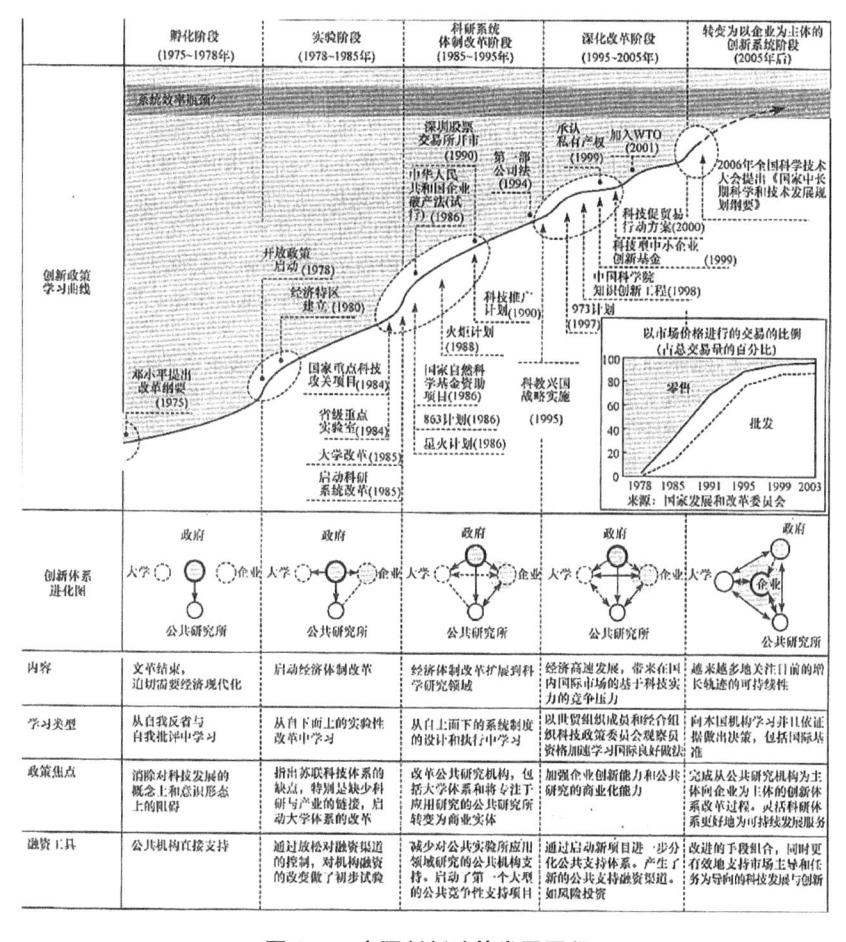

图6-4 中国创新政策发展历程

资料来源：OECD中国创新政策研究报告[M]，薛澜，柳卸林，穆荣平，等译，科学出版社，2011.

二、中国创新政策体系的政府职能评估

国家创新政策体系的系统性和复杂性决定了政策体系的制定、出台和执行涉及多个部门和各级政府的协调配合。创新政策体系中政府的运行和作用机制是创新政策制定、出台、管理以及运行的基本机制，是一个国家政策过程是否合理规范的先决条件。因此，在国家创新政策体系的评估中，各级政府在政策过程的职能是评估的重要方面。

OECD 将政府在政策制定方面的基本职能分为：第一，以事实为基础发现并确定社会经济发展中的主要问题；第二，定义政策的基本原理、战略目标以及优先权；第三，设计政策工具；第四，执行政策措施；第五，为政策学派提供反馈开展政策评价。OECD 评估组对中国创新政策过程中政府的职能进行了分析，认为中国创新政策体系中的政府职能已经有很大改善和进步，但是各级政府治理方面仍然存在不足，如表 6-1 所示。

其中，OECD 工作组在评估中所发现的问题，大部分在政府职能改革和管理科学化透明化进程中有了很大改善。如在确定政策问题和设计政策方面，2015 年国务院发布的《关于大力推进大众创业万众创新若干政策措施的意见》明确指出"支持各类市场主体不断开办新企业、开发新产品、开拓新市场，培育新兴产业"，要求在鼓励传统高新技术领域和其他新兴业态发展的同时，积极创造有利于创新创业的社会氛围。在执行政策方面，国家科技项目的立项、管理和监督任务在以前相当长的时间内都是由科技部一个部门负责。2015 年，由国家科技部、财政部联合制定的《关于深化中央财政科技计划（专项、基金等）管理改革的方案》中，对国家科技计划管理长期以来"既当裁判，又当运动员"的现象进行整改，将科技部的职能从日常具体的项目管理和资金分配向服务于全社会转变，提出具体的项目由专业的项目管理机构进行管理。

表 6-1 各级政府治理方面存在的不足

政策过程	政府职能存在问题
确定政策问题	·创新政策普遍只关注"高技术",忽略了如服务业等其他业态的创新; ·国家层面缺乏的主管机构协调,阻碍零散政策向整体的创新政策和战略实现; ·各级政府分工不明确,需要厘清中央—地方政府之间的权责关系; ·没有非政府主体的充分参与,政府与工商部门缺乏沟通; ·在各级政府中缺少科技创新政策制定的专家
设计政策	·执行过程过于依赖供给驱动和自上而下的办法; ·竞争式的官员评价体系; ·创新的非技术方面被忽略; ·支持系统的能力,偏向通过财政支持公共部门的建设; ·很多计划仍保有计划经济的特征,限制了市场经济体系下的效率
执行政策	·执行机构的管理能力不足,如国家自然科学基金或各部委; ·项目选择过程缺乏透明度
评估政策	·各个级别的科技系统评价文化不发达; ·制度框架和执法机制较弱; ·合格的评估人员有限; ·评价往往是为了内部的管理信息而不是为了公共责任; ·评价方法和标准难以适应不断变化的计划目标

资料来源:根据 OECD 研究报告绘制。

根据目前中国创新政策体系的政府职能分析,OECD 工作组提出以下改进意见。第一,创立更好的中央政府和地方政府的联结构架,明确分工和责任。第二,协调地方政府的行动,确保国家创新政策体系作为一个高效的整体。第三,管理和资助项目保持距离,以避免利益冲突。第四,强化评估文化建设,应该让评估成为在项目设计、执行以及资金配置过程中的一个标准程序。第五,建立跨部门协调机制,确保通过更加协调的、整体的行政途径执行国家战略计划。OECD 所提出的建议针对 2007 年的中国创新政策体系,但在当下仍有一定的借鉴意义。如评估机制还没有在法律层面上建立起相应的规范制度,各个级别的科技系统评价文化还没有建立完善等。但从整体来看,从 2007 年发展到现在,中国政府一直在不断进行自我改革和功能完善，各级部门在政策过程中的职能在不断协调，中央和地方的职能划分在政策制定过程中较以前也更为明晰。

三、中国创新政策体系的科技计划评估

截至 2007 年，OECD 工作组认为，中国政府在支持研发与创新的过程中，最主要的政策工具是科技计划。OECD 工作组采用时间顺序法研究了中国科技政策过程的主要历程和计划的特点，并通过调查研究描述了科技计划的主要参与者，尤其是制定者和组织实施者的作用。工作组在此研究基础上，详细描述了各个科技计划，指出计划的优势和不足，并结合 OECD 分析工具对基础研究型计划进行简评，讨论应用研究型计划的作用。最后，OECD 工作组阐述了科技评估制度的相关问题，包括科技评估制度面临的挑战等。

政策工具是决策者为了实现一个或者多个政策目标而采用的手段。苏竣（2007）从广义的视角将创新政策的政策工具分为基本层、综合层和战略层三个层面。基本层政策工具包括税后优惠、金融支持、教育培训、科技资金投入、政府采购等，既是简单的政策工具，也可以作为单一政策。综合层政策工具包括科技中介、大学科技园和中小企业创新基金等；战略层政策工具包括科技计划、科技规划等。各个国家在支持创新的过程中，计划均是常采用的工具之一。如"二战"后，美国采取的先进技术计划（Advanced Technology Program，ATP）和小企业创新研发计划（Small Business Innovation Research Program）。中国在促进科技创新领域的手段通常以宏观层面战略为主，如《国家中长期科学和技术发展规划纲要（2006—2020 年）》，是国家结合国际环境和国内矛盾的变化做出的阶段性规划，规划主要为解决当前和可预见的将来中国发展过程中亟须解决的问题，并为未来规划发展方向。

OECD 工作组通过调查研究，认为中国主要的科技创新政策工具为

"研发计划"。中国的科技计划有以 973 计划、国家自然科学基金项目为代表的基础研究计划和以国家科技攻关计划、863 计划为代表的应用研究计划，如表 6-2 所示。

表 6-2　中国国家创新资助计划与项目（截至 2007 年）

类型	代表计划
支持基础研究的计划/项目	国家自然科学基金、973 计划、公共研究机构改革和科技人才项目（长江学者、"百人"计划、"杰出青年科学基金"计划）
支持高技术研发的计划	高技术研发计划（863 计划）、国家科技支撑计划
支持技术创新和产业化的计划	国家新产品计划、火炬计划、星火计划、科技经贸行动。相关支持措施包括科技型中小企业技术创新基金、税收激励和风险投资
支持科技研究的基础设施的计划	国家实验室计划、科技部研究设施平台建设、科学研究网络
科技人力资源发展和奖励的计划	新世纪人才培训计划、大学青年学者奖（教育部）和中国科学院的一些计划

资料来源：根据 OECD 研究报告作者自行绘制。

中央政府的创新促进计划占全部公共科技支出的 17%，这也强调了计划在中国成为首要的政策工具。这些计划在中国科技创新发展过程中起到了重要的促进作用。创新促进计划通过引导资金和人才资源流向国家优先发展领域，在一定程度上缩小了相关领域与国际先进水平的差距，推动了技术进步和经济社会的发展。但 OECD 工作组通过对计划进一步调查分析，中国创新促进计划在如下方面还存在一定的问题。

（1）计划的制订模式

中国的创新计划通常是自上而下的集中管理模式，参与者以大学和科研院所为主，其他创新主体——企业的参与度较低。此外，计划的重复性高，有些计划的定位不明确，计划之间的关系不是很清楚，并且计划要求全面，实际很难达到计划目标。

（2）计划管理模式

计划的管理还缺乏一定的透明性，尤其是遴选阶段、计划管理等方面，更需要公平、开放和透明的原则。

（3）计划的评价

中国的评估制度还不够完善。科技评估缺乏透明度，评估报告也不对外公开，还没有确立一个明确的项目评价的制度框架。因此很难有效评估科技计划的真正影响力。

我国的计划评估一直以来存在某些认知偏差，一些研究将计划支持的成功案例作为代表分析，以偏概全高估了科技计划的作用；另一些研究在实际过程中，简单地将计划的作用等同于财政补助，低估了计划的作用。政府在遴选计划参与者时，其不透明的选拔过程往往为相应负责的官员的寻租行为提供了土壤。有学者研究发现，计划本身同时存在着企业创新行为替代和风险投资挤出的双重不利机制，这在一般的定性定量评估分析过程中容易被忽略，但这也应该是作为政策工具计划的评估重点（李彰和苏竣，2017）。

四、中国科技创新政策组合视角的评估

国家创新政策体系包含了多个领域、创新全过程的政策，是一个系统而复杂的多种政策的组合，具备政策组合评估的要素和特征。OECD工作组从政策组合的视角将中国国家创新政策体系的评估进行分析，认为中国创新政策组合的评估应该从政策范围的完备性、协调性和反馈机制健全性三个方面开展。同时，工作组针对具体的政策组合，如促进创新文化和有益于创新框架条件的政策组合、人力资源方面的政策组合也做了相关评估。

OECD工作组从三个方面着手对中国创新政策组合进行评估，分别为完备性、协调性和评估制度的健全性。第一，中国创新政策体系覆盖了从科学研究、技术研究到发展研究，再到产业化的创新全部过程，并对科技人才和基础设施的建设也制定了相应的政策。政策体系具备较好的完备性。第二，对于许多有内在联系的政策，其政策设计是相互协调并共同加强的，但对于不同领域的政策，其协调和相关性尚不明确。第三，随着国内和世界环境的变化，需要对过时的各个政策工具的关联性和有效性重新进行评估，并调整整个国家创新政策体系。这三个方面比较全面地反映了政策体系在政策工具组合视角下的评估重点。OECD 工作组认为，与注重建设科技基础设施政策相比，促进创新文化、建立有益于创新框架条件的政策组合没有得到相应的重视。中国在科技人力资源方面的政策存在如下偏见：重科学而轻技术技能；重人才而轻多数人力资源的质量和流动性；重科技能力而轻管理能力。

表 6-3 政策组合评估

序号	评价内容	发展现状
1	政策范围完备性	政策基本覆盖了所有有关创新的政策领域
2	协调性	不同领域的政策有相互协调和加强的作用，然而目前对不同政策的协调性关注还不够
3	评估、反馈机制健全性	中国缺少必要的评估机制，对整个政策组合的有效性和效率会有所影响

资料来源：根据 OECD 研究报告绘制。

本书认为，具体如政策组合的协调性问题，不同领域、不同环节的创新政策需要互相之间紧密配合和联系。增加高技术产品供给，必然要考虑市场需求，扶植中小企业创新，就要解决人才、资金等配套问题。我国鼓励企业成为创新主体，从财政投入、税收优惠、政府采购、技术转移和知识产权保护多个方面出台了大量配套政策，这些政策在制定和出台时应考虑彼此之间的配合程度和协同效应，以此可以放大政策效果。此外，我国已建立了国家领导小组的领导和协调制度，努力实现部门之间在政策制定和政策执行过程中的协调，虽然在分工合作上对各部门有明确的要求，但对政策在具体执行时的权责范围没有明确划分，因此会出现部门之间责任推诿的情况（蔡琦，2014）。创新政策体系的协调性到目前为止仍然是创新政策制定、执行和评估的工作要点。目前，中国的创新政策和科技计划等评估活动越来越频繁和规范，除2004年国家成立的科技部评估中心承担了大部分的评估活动外，国务院发展研究中心、科协、中国科学院创新发展研究中心等机构均作为第三方评估机构对国家有关政策和项目进行了评估。但是，在规章制度和法律层面，政策评估还没有明确的法律地位。到目前为止，OECD工作组对中国创新政策组合的评估建议仍具有很好的指导意义。

五、中国国家创新政策体系的绩效评估

国家创新政策体系的绩效是政策体系作用效果的直接体现。本节依据OECD工作组对中国国家创新政策体系评估中绩效评估的部分，总结了政策体系绩效评估的要素。绩效评估分为研发和创新的投入、研发产出和创新绩效。其中，对投入和产出的绩效又分为以下几类，如图6-5所示。

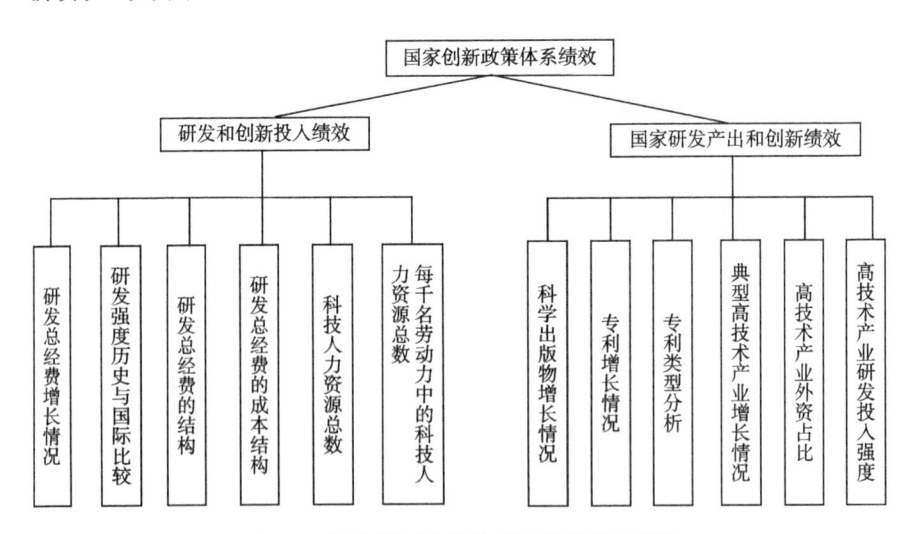

```
                        国家创新政策体系绩效
                       /                    \
            研发和创新投入绩效            国家研发产出和创新绩效
           /  |  |  |  |  \             /  |  |  |  |  \
         研  研  研  研  科  每         科  专  专  典  高  高
         发  发  发  发  技  千         学  利  利  型  技  技
         总  强  总  总  人  名         出  增  类  高  术  术
         经  度  经  经  力  劳         版  长  型  技  产  产
         费  历  费  费  资  动         物  情  分  术  业  业
         增  史  的  的  源  力         增  况  析  产  外  研
         长  与  结  成  总  中         长             业  资  发
         情  国  构  本  数  的         情             增  占  投
         况  际      结      科         况             长  比  入
             比      构      技                        情      强
             较              人                        况      度
                             员
                             总
                             数
```

图6-5 国家创新政策体系的绩效评估指标

资料来源：根据OECD中国创新政策研究报告绘制。

（一）研发和创新的投入

研发和创新投入的绩效研究包括对研发投资总额近十年的涨幅情况、

研发强度（研发投入占国内生产总值的比值）在近15年的变化情况、整个研发投入中基础研究、应用研究和试验发展占比情况、不同占比随时间变化情况，并对包含劳动力成本、土地和建筑物成本、仪器和设备成本以及其他成本的研发总经费的成本结构进行了分析。研究还包括科技人力资源情况、研究人员总数，每千名劳动力中的全部研究人员增长情况等。

评估发现，从2000年到2006年，中国经济的研发投入强度呈显著增长趋势，增速已经超过了部分OECD国家。但我国研发投入的结构不尽合理，基础研究上的比例相对较低，在试验发展上的支出比例更高且增长更快。在国内研发总经费的成本结构方面，仪器和设备的成本占比较其他国家高。中国研究人员总数高于日本，但每千名劳动力中的全部研究人员为日本的十分之一。这些数字总体反映了中国目前（2006年以前）研发投入、科技人力资源投入结构仍有不合理之处。

（二）研发产出和创新绩效

在产出方面，中国的科学出版物呈指数形势增长，专利大量涌现（1995—2006年，专利数增长近6倍），三方专利的总数偏少，但是增长速度快。中国高技术产品出口在过去十年中呈指数增长趋势，并且以无线电、电视机和通信设备为主。2004年，中国成为世界最大的信息和通信技术产品出口国。但是，在总的高技术产品出口中，由中外合资和外国独资的企业占据的份额由1998年的73%增长到2005年的88%。且所有的高技术产业的研发投入强度相对日、韩、美国等国家依然较低。

评估通过历史演变分析和国别比较，发现中国的研发投入和产出绩效指标近些年有大幅度的提升，部分绩效指标已达到或超过OECD国家水平，但距离世界最高水平还有一定的差距，在结构上仍存在一些不合理之处，为我国未来调整创新活动指挥棒、培养壮大本土企业的创新能力提供了依据。

六、中国国家创新政策体系改进的建议

OECD 通过对中国国家创新政策体系的政府职能、主要政策工具、政策组合效能、政策体系绩效的评估，在以下方面提出了相关的政策改进建议和意见。

一是调整政府的角色。鼓励政府克服计划经济遗留，为市场和私人部门提供更多空间；加强政府提供公共物品的作用，特别要加强政府在以市场和系统失灵为特征的领域中的作用；平衡政府的作用，政府的创新政策应更多地把重点放在创造有益于创新的社会环境上。

二是优化创新的社会环境。在塑造创新社会环境的知识产权保护、竞争、公司治理结构、金融资本市场、政府采购和技术标准方面，要采取更加开放、高效的政策手段，进一步促进创新活动的开展。

三是保持科技人力资源的持续增长。应保持科技人力资源的稳定增长，提高专门人才和科学工程学位在高等教育体系中的比例；提高科研人员的质量和效率，提高其 R&D 产出的质量和数量；改进目前企业在培训以及职业培训上投入的不足。

四是改进科学和创新政策中的政府职能。创立更好的中央政府和地方政府的连接构架，确立更为清晰的分工原则；协调地方政府行动，确保国家创新政策体系的高效性；确定管理和资助项目保持一定的距离，以避免利益冲突，或分离政策制定与自主项目运营管理；强调评估文化的建设，将评估制度化；建立跨部门协调机制，确保通过更加协调和整体的行政途径实施创新发展战略。

五是调整政策工具的组合。调整研究开发计划以改变优先权，将项目支持的方向与中国国家创新体系的变化需求相协调；加强研究开发，鼓励在更广泛领域更深度的研究开发；避免高技术短视，公共支持体系应多关注没有被划为高技术产业的传统产业和服务业等；新的计划推出应具有强有力的合理性，以避免公共资助项目激增；平衡硬件和软件支出，政府在提供研发创新的硬件基础时，也要注意创新所需要的非科技技能的教育和培训，如企业家精神、管理技能的培养等；强化政策学习，尤其是在引进政策工具时，应深入理解这些工具的使用背景，提高工具的使用效率。

六是确保对公共研发的足够支持。以企业为中心的创新体系需要强大的科学基础，创新政策需要重新评估公共研究组织和大学研究的定位，寻求任务导向的研究和市场需求驱动的研究之间更好的平衡；谋求对公共科研院所的竞争性资助和稳定性资助的平衡，充分发挥竞争性资助对科研院所的激励作用，并保证稳定性资助要以绩效评估等手段保证资助的效率和回报。

七是加强产业和技术之间的连接。创建公私伙伴创新中心，将企业与科研院所、大学在研究开发和创新之间的长期合作加以制度化，并可以为外国投资企业与中国研发网络的结合提供有效平台。

第四节　OECD中国国家创新政策体系三维评估框架

本章对OECD中国国家创新政策体系的评估进行了研究总结。在中国国家创新政策体系的评估中，OECD的评估目的可归纳为，效果评估、决策支撑、监督管理、合理合法性评估；在评估目的的基础上，因创新政策体系的复杂和系统性，OECD选择了文献研究法、实地调研法、历史分析法和对比分析法等多种方法的组合。在"对象—目的—方法"评估框架的基础上，评估还从国家创新政策体系的主要政策工具、政策组合效能和政策体系绩效三个方面进行了评估。同时，对创新政策体系的历史演变和创新政策的政府职能进行了分析，补充并丰富了以框架为基础的国家创新政策体系评估理论与方法体系。因此，本章在 OECD 中国国家创新政策体系评估报告的基础上，进一步完善国家创新政策体系的评估框架，如图 6-6 所示。该评估框架根据 OECD 的评估理念与工作流程，将创新政策体系评估的一些共性特征与研究重点与三维框架结合，以期在未来为我国国家创新政策体系的评估提供有益指导。

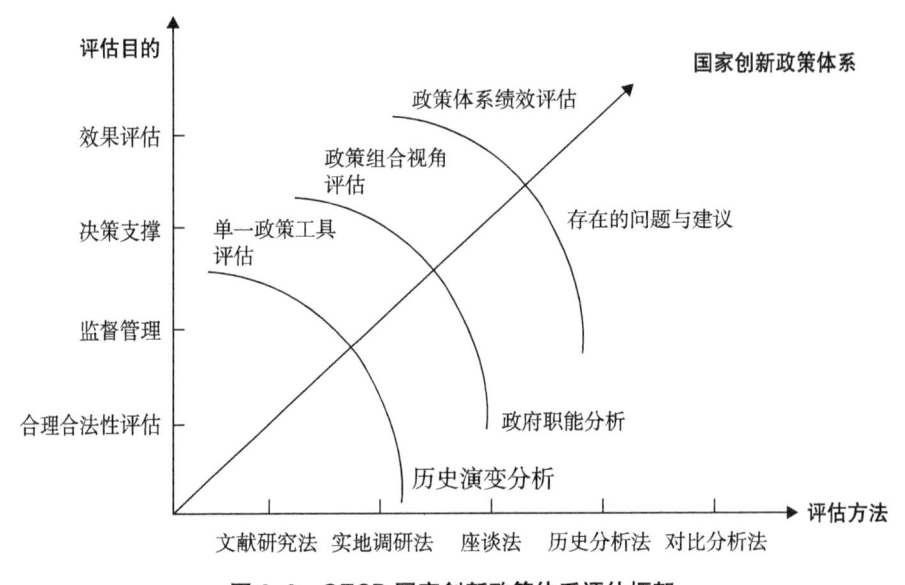

图 6-6　OECD 国家创新政策体系评估框架

资料来源：笔者绘制。

第五节　本章小结

本章以 2007 年 OECD 中国创新政策研究报告为例，研究了评估报告中，关于国家创新政策体系的评估对象、评估目的和评估方法。由于

第六章 政策体系评估：OECD 国家创新政策体系评估

我国创新政策特点，尤其还对国家创新政策体系的具有代表性的科技计划情况进行评估，对政策组合效能和政策体系的绩效分别进行分析，并从历史演变和政府职能的角度对国家层面创新政策体系进一步评估研究。本章对 OECD 的评估报告研究以"政策体系—评估目的—评估方法"的创新政策三维评估框架为指导展开，并结合评估实践进一步对该框架在国家创新政策体系方面的应用进行了完善。

本章通过文献研究、案例分析等方法研究了 OECD 中国创新政策评估报告，并为获取更多一手资料信息、更多还原评估细节，采访了当时参与评估工作的柳卸林教授和组织评估工作的科技部国际合作司蔡嘉宁司长（具体采访记录详见附录）。

通过本章的研究，本书认为，运用三维评估框架能够更好地理解 OECD 国家创新政策体系评估理论和方法体系，并通过对 OECD 国家创新政策体系评估的研究，将政策工具、政策组合和政策框架评估分析与三维框架进行有机结合，能够更加完善和丰满国家创新政策体系的三维评估框架。此外，创新政策体系的评估"时空观"分析，要与创新政策体系的历史演变和国际政治环境与经济形势变化充分结合起来，才能对创新政策体系调整变化有充分的理解和认识。因此，根据 OECD 国家创新政策体系评估实践，本书进一步对三维框架进行了丰富和完善，期望有朝一日能够运用到我国国家创新政策体系的评估中。

第七章

研究结论与研究展望

第七章 研究结论与研究展望

第一节 主要研究结论

结论一，创新发展政策的评估是决策科学化、合理配置公共资源的重要基础。

目前，我国面临结构性发展不均衡问题，处于传统投资要素驱动发展模式向创新驱动发展模式的重要转型阶段。创新发展政策是我国实现新旧动能转换、创新驱动发展的重要保障。自我国确立创新驱动发展战略、建设创新型国家的目标以来，创新成为服务经济发展工作的重点，创新政策出台的数量也在不断增长。中央、地方出台的发展和改革的创新发展政策，聚焦于多个领域的创新活动的多个阶段。创新发展政策的科学化发展需要科学的政策评估作为决策支撑以为创新发展政策的不断完善提供充分的信息，这些反馈为政策的改进和新一轮政策的制定提供了经验，制度化的政策评估是决策科学化发展的重要基础。同时，政策资源是有限的，政策制定者要考虑如何将资源进行有效配置，最大化政策目标。政策评估能够反映不同政策的重要性和政策目标的优先级，为更好使用、配置创新资源提供经验，为后续加大还是减少政策投入以及为提高资源使用效率提供了良好的决策支撑。

结论二，创新发展政策种类复杂多样，政策评估可依据政策的不同复杂程度将评估对象分为单一政策、政策组合和政策体系，以实现对不同类型政策评估的分类研究。

创新发展政策体系复杂，包含的政策种类繁多。政策评估需将评估对象按照某一个标准进行划分和整理。本书按照评估政策的复杂程度，将评估对象分为单一政策、政策组合和政策体系。不同的政策类型具有不同的特点，单一政策相对于政策组合和国家创新政策体系，政策工具简单，作用范围有限，政策利益相关者较少。因此，单一政策的政策结果评估往往能够更加精确，在单一政策的评估中定量方法较多。政策组合包含的政策工具复杂，涉及的利益相关者多，政策影响范围大，需要的评估周期长，在政策组合的评估实践中，以效果评估、监督管理和决策支撑等为目的的评估较多，由于政策组合的特性，除政策效果评估以外，政策组合在执行过程中如政策协调性等问题的发现和调整纠正也是政策组合评估的一个主要目的。政策组合的评估常采用定性和定量结合的评估方法，如实地调研法等。创新政策体系包含的政策工具最复杂，涉及的利益相关者也最多，政策体系的影响范围最广，所需要的评估周期也最长。创新政策体系是长期内相对稳定的政策架构，不能轻易变动。因此创新政策体系的评估主要目的有通过评估了解政策体系的运行情况，即政策效果；发现政策体系运行中存在的问题，获取经验为后续政策调整提供支撑；定期或不定期地对政策体系进行评估，实现对政策体系的动态监督管理功能等。创新政策体系评估需要的数据资料庞大，涉及的评估方法也非常多，定量方法为评估提供基本的数据支撑，而定性评估方法则是判断政策体系运行效果、存在问题并提出有关建议的主要手段。

不同的政策类型在评估目的和评估方法上有所侧重，研究不同类型政策评估，对政策评估的理论和实践均有很强的指导意义。但具体的评估目的和方法选择都要根据具体政策而定。

结论三，本书构建的"对象—目的—方法"的一般性创新发展政策三维评估框架在三个实际政策评估案例研究中得到印证和应用，具有很强的理论和实践价值。

本书在文献和实践研究的基础上发现构成政策评估的三个重要因素为评估对象、评估目的和评估方法。其中，根据政策的复杂程度，将政策分为单一政策、政策组合和政策体系。评估对象是评估的基本条件，对其他评估因素的选择都有很大的影响。此外，本书总结评估的目的分别是效果评估、决策支撑、监督管理、合理合法性评估和其他目的。评估方法是评估工作的关键因素，评估方法的选择直接决定了评估结果的可靠性。

本书将"对象—目的—方法"三维评估框架运用在三个政策案例的评估中，分别对研发费用加计扣除政策和全面创新改革试验政策进行评估，该框架在两个评估案例中得以顺利应用，很好地以框架为基础开展了评估工作。同时，每个案例在评估后，总结了案例的评估经验，将其中能够作为共性评估内容等方面作为框架补充，分别完善了每种政策类型的三维评估框架，对其他相应类型的政策评估均有较好的借鉴意义。该三维框架的构建也在创新政策评估理论上有所补充和完善。

结论四，借助三维评估框架，能够更好地理解 OECD 对国家创新政策体系的评估实践，同时国家创新政策体系评估的案例研究很好地补充和完善了三维评估框架，使三维框架能够更好地指导其他创新发展政策体系的评估。

本书依据三维框架，对 OECD 科技政策工作组同科技部对我国创新政策体系评估进行了梳理与总结，可将国家创新政策体系的评估目的分为以下四方面，第一，对政策的效果评估，包含对经济社会发展的作用；第二，监督管理，对创新政策目前的历史演进有总体的把握和对现状特点进行具体的分析，发现政策体系中存在的问题；第三，决策支撑，为我国国家创新政策体系的改善和提升提供建议；第四，合理合法性评估。

在评估方法上，由于国家创新政策体系是一个国家在促进创新发展的基本架构，具有权威性、固定性和战略意义等特点，因此对国家创新政策体系的时空分析，即历史演化分析和国际对比分析是全面评估一个国家政策体系的方式，文献回顾和实地调研都是获取资料的很好的方法，通过开展座谈会，使评估专家们的思想得以交流。此外，根据评估实际情况，适当考虑中方专家和外方专家联合工作小组的组织方式，充分融合中国的国情和国外先进经验。

在对OECD国家创新政策体系评估报告研究的基础上，进一步完善了三维框架关于国家创新政策体系的评估。根据OECD国家创新政策体系评估的经验，本书在"对象—目的—方法"的基础上，对创新发展政策体系的评估框架进行完善。从单一政策工具评估、政策组合视角评估、政策体系绩效评估的视角开展国家创新政策体系的评估，并将政策体系的历史演变分析和政策体系的政府职能分析与三维评估框架相结合，进一步丰富了创新政策体系评估的框架，为未来创新政策体系评估研究提供有益参考。

结论五，依据三维评估框架对安徽省全面创新改革试验下的成果转化政策组合进行评估，发现政策整体效果良好，但政策设计和执行方面仍存在一些问题。评估实践表明，将政策文本分析和政策利益相关者分析纳入三维框架，有利于深化对评估结果的认识。

本书以"目的—方法—对象"三维评估框架为工具，对全面创新改革试验下的安徽省成果转化政策组合进行评估。根据全面创新改革试验的政策目标，确定对安徽省成果转化政策的评估目的为效果评估、决策支撑、监督管理和合理合法性评估，并且依据评估目的和政策组合的特点，选择了文献回顾法、实地调研法、座谈法、利益相关者分析法等，对成果转化政策组合进行了评估。

评估通过对安徽省在全面创新改革背景下出台的成果转化政策进行文本梳理，发现安徽省在《中华人民共和国促进科技成果转化法》和《关于在部分区域系统推进全面创新改革试验的总体方案》的统筹下出台的政策，在部分领域有所细化，部分指标要求有所提高，政府服务类的政策较多，供给面和环境面政策工具所占比重较大。通过对成果转化过程和成果转化过程中利益相关者的分析，得到了安徽省的成果转化政策组合基本上建立了"以人为本"的政策组合模式，在成果转化的各个环节都有相关政策支持。在成果转化过程的难点、空白点，以及各利益相关主体难以协调的问题上有所完善和改进，并且政策组合的协调性良好。在实际调研过程中，提炼了以"天长模式"这一政府作为纽带建立高校和企业供给与需求联系的模式为代表，作为后续研究和推广的典型政策。但该成果转化政策组合仍然存在一些问题，如中央政府和地方政策不协调的问题、政策授权不彻底、不同类型的高校、科研院所职能定位不清的问题等，并根据问题的具体情况给出了相应的政策建议。

本书在评估成果转化政策组合时，通过对政策文本分析、成果转化过程分析和利益相关者分析，对政策工具特征进行了评估，并对政策问题进行总结和成熟政策模式提炼，进一步完善了政策组合的评估框架，为其他类型的政策组合评估提供了可供参考的经验与更完善的评估框架。

结论六，本书采用三维评估框架，应用相关性分析法和反事实分析法对研发费用加计扣除政策进行评估，评估发现企业的研发投入与加计扣除额度呈显著正相关关系，且享受该政策企业的研发投入显著高出未享受该政策的企业。

本书以"对象—目的—方法"三维评估框架为工具，对创新发展政策的单一政策——研发费用加计扣除政策进行评估。研发费用加计扣除是一项以税收减免为单一政策工具的促进企业加大研发投入的政策。政策工具单一，政策目标明确。因此，本书确定以政策效果为评估目的，即受惠企业是否加大了研发投入。本书选择相关性分析法和反事实分析法作为评估方法，模拟和估算去除企业受到的其他因素的干扰后，这一政策对企业的研发投入额到底产生了多大的影响。

通过相关性分析，本书确定了企业科技活动内部经费支出与研发费用加计扣除呈正相关关系。企业研发人员内部支出与研发费用加计扣除呈正相关关系。此外，通过反事实分析法得出，享受政策的企业比未享受该政策的企业，在研发投入费用、企业科技活动内部经费支出和企业研发人员投入分别多出0.72%、0.89%和0.74%。因此，该政策效果明显，达到了政策在促进企业加大研发投入方面的目标。

第二节　主要创新点

政策评估作为政策过程的重要一环，一直是公共政策研究的重点。历史上关于公共政策评估的理论研究和实践研究都非常丰富，但在创新发展政策评估领域，理论建设还不够完善。本书将政策评估对象按照单一政策、政策组合和政策体系进行分类研究，构建创新发展政策评估的三维框架，相对于以往的评估方法体系，对评估实践具有更强的指导意义。因此，在综合以上研究问题，本书的创新点如下。

第一，本书根据评估实践和理论研究，从政策所包含政策工具的复杂程度角度出发，将政策评估的类型分为单一政策、政策组合和政策体系，并将之运用于评估实践。本书分析了不同政策类型的特点，以及这些特点对确定评估目的、选择评估方法的影响，对不同类型政策评估实践具有一定的指导意义。

第二，本书构建了"对象—目的—方法"的三维评估框架。该三维评估框架根据评估对象不同,将政策评估分为单一政策、政策组合、政策体系三种类型;根据评估目的的不同,将评估目的分为决策支撑、效果评估、监督管理等;根据选择的不同评估方法,主要将方法分为定性方法、定量方法和其他方法。三维框架包含并强调了政策评估的三个重要影响因素,能够为创新政策的评估起到良好的实践指导作用,并在理论上强调了评估目的和评估对象类型的重要作用,促进了创新发展政策评估的理论发展。

第三,本书以构建的三维评估框架作为工具,从评估目的、评估方法和评估对象类型的新角度出发,分别对研发费用加计扣除单一政策、全面创新改革试验的成果转化政策组合和国家创新政策体系进行评估,并经过评估分别进一步完善了针对不同政策类型的政策评估框架,为政策评估方法论的建设和完善作出了一定的贡献。

第三节　研究不足与展望

本书围绕创新发展政策的评估框架和实际评估案例做了大量的研究工作,但由于工作和能力的不足,本书仍存在一些缺陷。首先,本书虽然结合了其他学科的理论和观点,但与政策评估的政治背景相关理论结合的还不够,还需要更多地将评估研究置于中国国情和政治环境中,进一步完善创新发展政策评估的理论研究。

其次,本书提出的创新发展政策评估的三维框架,虽然通过三个案例对框架的实用性加以实证,但仍然需要大量的评估实践检验,并且还需要在实际应用过程中对框架加以改进和完善。对于三维框架对不同政策的实际评估,还应考虑具体的评估要求和评估主客体特点进行适时调整,如也可以根据评估需要依据不同复杂程度的政策分类调换成其他政策分类等。此外，本书提出了不同政策类型在评估中的重要性，但是在未来的研究中，仍然需要针对不同的政策类型继续进行深入探讨。

最后，文章中关于国家创新政策体系的评估来源于OECD评估报告，全面创新改革试验成果转化政策和研发费用加计扣除政策的评估是作者利用评估框架作为工具进行的，对于是否能够充分实现对政策的评估，本书的工作量可能还不够。本书认为政策组合和政策体系的评估均应该放在更长的时间周期内，但本书对政策组合的评估周期略短，未来的研究会考虑在更长的政策作用周期范围内考察政策组合的效果。

综上所述，未来的工作和研究方向，还需要在理论上结合和建立符合中国国情和文化背景的创新发展政策评估理论，实践上要持续对政策评估的框架进行实践检验，充分完善评估框架方法体系，深化对创新发展政策的认识，做好创新发展政策评估工作，更好地支持推进我国创新驱动发展战略的实施。

参考文献

[1] Abdullah G, Edler J. The use of behavioural additionally evaluation in innovation policy making [J]. Research Evaluation, 2011, 21 (4): 306-318.

[2] Arnold E, Guy K. Technology diffusion programs and the challenge for evaluation[R]. OECD.org. 2011.

[3] Arnold E, Guy K. Diffusion policies for Information Technology: the way forward[C]. OECD/ICCP Expert Group on the Economic Implications of Information Technologies (OECD, Paris). 1991.

[4] Arnold E. Evaluating Research and Innovation Policy: A Systems World Needs System Evaluations [J]. Research Evaluation, 2004, 13 (1): 3-17.

[5] Arrow K. Economic welfare and the allocation of resources for invention [M]. The Rate and Direction of Inventive Activity (Princeton University Press: Princeton, NJ.) 1962.

[6] Badinger H, Tondl G. Trade, human capital and innovation: The engines of European regional growth in the 1990s [M] // European Regional Growth. Springer Berlin Heidelberg, 2003.

[7] Bloom N, Griffith R, Van Reenen J. Do R&D tax credits work? Evidence from a panel of countries 1979 - 1997 [J]. Public Economics. 2002, 85 (1), 1-31.

[8] Castellacci F, Lie M. Do the effects of R&D tax credits vary across industries? A meta-regression analysis [J]. Research Policy, 2015, 44 (4): 819-832.

[9] Chritopher H. A Public management for all seasons? [J]. Public Administration 2010, 69 (1): 3-19.

[10] Clarysse B, Wright M, Mustar P. Behavioural additionality of R&D subsidies: A learning perspective [J]. Research Policy, 2009, 38 (10): 1517-1533.

[11] Cohen W, Levinthal D. 'Absorptive capacity: a new perspective on learning and innovation' [J]. Administrative Science Quarterly. 1990, 35, 128 - 152.

[12] Edward Q. Analysis for public policy decision [R]. The Rand corporation, Santa

Monica, 1972.

[13] Flanagan K, Uyarra E, Laranja M. Reconceptualising the "policy mix" for innovation [J]. Research policy, 2011, 40 (5): 702-713.

[14] Fang C, Mu R, Song H. The correlativity of support policy for science and technology innovation infrastructure and platforms [J]. Science Research Management, 2013.

[15] Hicks D, Tomizawa H, Saitoh Y, et al. Bibliometric techniques in the evaluation of federally funded research in the United States [J]. Research Evaluation, 2012, 13 (2): 78-86.

[16] Hiroyuki K, Katsumi S, Michio S, Does an R&D tax credit affect R&D expenditure? The Japanese R&D tax credit reform in 2003 [J]. CESifo Working Paper No. 4451, 2013.

[17] Isaksen A. Evaluation of a regional innovation programme: the Innovation and New Technology Programme in Northern Norway [J]. Evaluation & Program Planning, 1999, 22 (1): 83-90.

[18] Kay L. Opportunities and Challenges in the Use of Innovation Prizes as a Government Policy Instrument [J]. Minerva, 2012, 50 (2): 191-196.

[19] Kuhlmann S. Evaluation of research and innovation policies: a discussion of trends with examples from Germany [J]. International Journal of Technology Management, 2003, 26 (2-4): 131-149.

[20] Marino M, Lhuillery S, Parrotta P, et al. Additionality or crowding-out? An overall evaluation of public R&D subsidy on private R&D expenditure [J]. Research Policy, 2016, 45 (9): 1715-1730.

[21] Moore C, Arent J, Norland D. R&D advancement, technology diffusion, and impact on evaluation of public R&D [J]. Energy Policy, 2007, 35 (3): 1464-1473.

[22] Mu R, Ren Z, Song H, et al. Innovative development and innovation capacity-building in China [J]. International Journal of Technology Management, 2010, 51 (26): 427-452.

[23] Nachmias D, Public Policy Evaluation: Approaches and Methods [M]. N.Y.: St. Martin's Press, 1979.

[24] OECD. Tax incentives for research and development: Trends and issues. Paris: OECD. 2003.

[25] OECD. The behavioural additionality of R&D grants: introduction and preliminary synthesis, OECD Working Party on Innovation and Technology Policy. 2005.

[26] Oldsman E. Making evaluations count: Toward more informed policy [M] // Making

Innovation Policy Work. 2014, 229-246.

[27] Onishi K, Nagata, A, Does tax credit for R&D induce additional R&D investment?: analysis on the effects of gross R&D credit in Japan [J]. Journal of Science Policy and Research Management, 2010, 24, 400–412.

[28] Owen J E. Public Policy Evaluation, Approaches and Methods by David Nachmias[J]. Social Science, 1981, 56 (1): 63-64.

[29] Palumbo J, Nachmias D. The preconditions for successful evaluation: Is there an ideal paradigm?[J]. Policy Sciences, 1983, 16 (1): 67-79.

[30] Peters B, Employment effects of different innovation activities: Microeconometric evidence [C]. ZEW—Centre for European Economic Research Discussion Paper, 2004, 04-073.

[31] Rahel F, Measuring the Effects of Public Support Schemes on Firms' Innovation Activities [J]. WIFO working papers, 2006, 267, 1-20.

[32] Roper S, Du J, Love H. Modelling theinnovation value chain. Research Policy [J], 2008, 37, 961–977.

[33] Rossi H. (ed.), Standards for evaluation practice [M]. San Francisco: Jossey-Bass, 1982.

[34] Roy R, Walter Z. Reindusdalization and Technology [M]. Logman Group Limited, 1985.

[35] Rubin B. Estimating the dimension of a model [J]. Annals of Statistics, 1974, 6, 461-464.

[36] Rush H, Bessant J, Lees S. Assessing the effectiveness of technology policy – a long-term view [J]. Technology Analysis & Strategic Management, 2004, 16 (3): 327-342.

[37] Shapira P, Kingsley G, Youtie J. Manufacturing Partnerships: Evaluation in the Context of Government Reform [J], Evaluation and Program Planning, 1997, (2): 103-112.

[38] Sirilli G, Tuzi F. An evaluation of government-financed R&D projects in Italy [J]. Research Evaluation, 2009, 18 (2): 163-172.

[39] Smith A, Policy networks and advocacy coalitions: explaining policy stability and change in UK industrial pollution policy? [J]. Environment and Planning C: Government and Policy, 2000, 18 (1): 95-114.

[40] Smith K. 'Economic infrastructures and innovation systems,' Systems of Innovation: Technologies [J]. Institutions and Organisations (Cassell: London).1997.

[41] Stuart N. Encyclopedia of policy study [M]. Marcel Dekker Inc. 1983.

[42] Suchman E. A. Evaluative Process: Principles And PractiseIn Public Service And Action Program [J].Newyork, Russel Sage Foundation, 1967.

[43] Wren C, Storey, J. Evaluating the effect of soft business support upon small firm performance [J]. Oxford Economic Papers, 2002, 54, 334‐355.

[44] Wilson J. Beggar thy neighbor? The in-state, out-of-state, and aggregate effects of R&D tax credits [J]. Rev. Econ. Stat. 2009, 92（2）, 431‐436.

[45] Wollmann H. Evaluation in Public Sector Reform [M]. Cheltenham: Edward Elgar, 2003.

[46] Yang C, Tarng Y, Lai C S, et al. The performance indicators for science and technology projects in Taiwan [J]. International Journal of Materials & Product Technology, 1997, 12（4/5/6）: 307–319.

[47] R.M. Solow. Technical Change and the Aggregate Production Function [J]. Review of Economics and Statistics, 1957, Vol. 39, 312–320.

[48] 安玉敬. 企业研发投入的内部影响因素研究 [D]. 湘潭大学, 2012.

[49] 白常凯. 公共政策评估程式的研究 [D]. 复旦大学, 2004.

[50] 蔡琦. 科技政策体系协调性分析 [D]. 东南大学, 2014.

[51] 陈麟瓒, 王保林. 新能源汽车"需求侧"创新政策有效性的评估——基于全寿命周期成本理论 [J]. 科学学与科学技术管理, 2015, 36（11）: 15-23.

[52] 陈远燕. 加计扣除政策对企业研发投入的影响——基于某市企业面板数据的实证分析 [J]. 税务研究, 2015（11）: 88-93.

[53] 陈振明, 薛澜. 中国公共管理理论研究的重点领域和主题 [J]. 中国社会科学, 2007（3）: 140-152.

[54] 陈振明. 非市场缺陷的政治经济学分析——公共选择和政策分析学者的政府失败论 [J]. 中国社会科学, 1998（6）: 89-105.

[55] 陈振明. 评西方的"新公共管理"范式 [J]. 中国社会科学, 2000（6）: 73-82.

[56] 陈振明. 政策分析的基本因素 [J]. 管理与效益, 1997（1）: 9-10.

[57] 陈振明. 政策科学——公共政策分析导论 [M]. 北京: 中国人民大学出版社. 2003.

[58] 陈仲常, 余翔. 企业研发投入的外部环境影响因素研究——基于产业层面的面板数据分析 [J]. 科研管理, 2007, 28（2）: 78-84.

[59] 成力为, 戴小勇. 研发投入分布特征与研发投资强度影响因素的分析——基于我国30万个工业企业面板数据 [J]. 中国软科学, 2012（8）: 152-165.

[60] 邓剑伟, 樊晓娇. 国外政策评估研究的发展历程和新进展: 理论与实践 [J]. 云

南行政学院学报, 2013 (2): 34-39.

[61] 丁煌. 当代西方公共行政理论的新发展——从新公共管理到新公共服务 [J]. 广东行政学院学报, 2005, 17 (6): 5-10.

[62] 董幼鸿. 日本政府政策评价及其对建构我国政策评价制度的启示——兼析日本《政策评价法》[J]. 理论与改革, 2008 (2): 71-74.

[63] 厄内斯特·西尔格德. 西尔格德心理学导论 (第14版) [M]. 世界图书出版公司北京公司, 2013.

[64] 范柏乃, 段忠贤, 江蕾. 创新政策研究述评与展望 [J]. 软科学, 2012, 26 (11): 43-47.

[65] 冯之浚, 刘燕华, 方新, 等. 创新是发展的根本动力 [J]. 科研管理, 2015, 36 (4): 1-8.

[66] 弗兰克·费希尔. 公共政策评估 [M]. 中国人民大学出版社, 2003.

[67] 高庆蓬. 教育政策评估研究 [D]. 东北师范大学, 2008.

[68] 高雪莲. 政策评价方法论的研究进展及其争论 [J]. 理论探讨, 2009 (5): 145-148.

[69] 顾建光. 公共政策工具研究的意义、基础与层面 [J]. 公共管理学报, 2006, 3 (4): 58-61.

[70] 管书华. 科技政策制定与评价的研究 [D]. 武汉理工大学, 2004.

[71] 郭碧坚, 韩宇. 同行评议制: 方法, 理论, 功能, 指标 [J]. 科学学研究, 1994 (3): 63-73.

[72] 郭卫民. 政府部门"三定"规定执行评估研究 [D]. 苏州大学, 2011.

[73] 黄萃, 苏竣, 施丽萍, 等. 政策工具视角的中国风能政策文本量化研究 [J]. 科学学研究, 2011, 29 (6): 876-882.

[74] 黄宁, 张国胜. 演化经济学中的技术赶超理论: 研究进展与启示 [J]. 技术经济, 2015, 34 (9): 32-37.

[75] 季淑娟, 董月玲, 王晓丽. 基于文献计量方法的学科评价研究 [J]. 情报理论与实践, 2011, 34 (11): 21-25.

[76] 贾霖霞. 论公共政策制定中的协商民主 [J]. 北方文学: 下, 2015 (6): 198-198.

[77] 蒋天颖, 王俊江. 智力资本、组织学习与企业创新绩效的关系分析 [J]. 科研管理, 2009, 30 (4): 44-50.

[78] 蒋兴华, 谢惠加, 马卫华. 基于政策分析视角的科技成果转化问题及对策研究 [J]. 科技管理研究, 2016, 36 (2): 54-59.

[79] 孔婕. 我国创新政策绩效评估: 基于上市公司实证分析 [D]. 上海交通大学,

2010.

[80] 赖春泉.我国高技术产业的研发费用税前加计扣除政策实施效果评价研究[D].江西财经大学,2016.

[81] 李建明.案例分析方法在管理学研究中的应用[J].上海经济研究,2004(2):78-81.

[82] 李坤,陈海声.我国不同地区企业研发费用税前加计扣除政策实施效果对比——基于创业板公司的经验证据[J].科技管理研究,2017(9):21-28.

[83] 李强,郑海军,李晓轩.科技政策研究评价方法评析[J].科学学研究,2018(2).

[84] 李睿.公共政策回溯性价值分析和事中评估[D].浙江大学,2014.

[85] 李伟铭,崔毅,陈泽鹏,等.技术创新政策对中小企业创新绩效影响的实证研究——以企业资源投入和组织激励为中介变量[J].科学学与科学技术管理,2008,29(9):61-65.

[86] 李允杰,丘昌泰.政策执行与评估[M].北京大学出版社,2008.

[87] 李彰,苏竣.增量效应与信号功能:理解政府科技计划的两个前沿问题[J].科学学与科学技术管理,2017,38(7):3-14.

[88] 李志军.第三方评估理论与方法[M].中国发展出版社,2016,7.

[89] 李志军.重大公共政策评估[M].中国发展出版社,2013,208.

[90] 连燕华.技术创新政策体系的目标与结构[J].科学学研究,1999(3):30-36.

[91] 蔺洁,陈凯华,秦海波,等.中美地方政府创新政策比较研究——以中国江苏省和美国加州为例[J].科学学研究,2015,33(7):999-1007.

[92] 刘华,周莹.我国技术转移政策体系及其协同运行机制研究[J].科研管理,2012,33(3):105-112.

[93] 刘会武,卫刘江,王胜光,等.面向创新政策评价的三维分析框架[J].中国科技论坛,2008(5):33-36.

[94] 刘圻,何钰,杨德伟.研发支出加计扣除的实施效果——基于深市中小板上市公司的实证研究[J].宏观经济研究,2012(9):87-92.

[95] 刘瑞明,赵仁杰.西部大开发:增长驱动还是政策陷阱——基于PSM-DID方法的研究[J].中国工业经济,2015(6):32-43.

[96] 刘云,黄雨歆,叶选挺.基于政策工具视角的中国国家创新体系国际化政策量化分析[J].科研管理,2017(S1):470-478.

[97] 刘自敏,杨丹,冯永晟.阶梯定价调整、需求弹性测度与中国电价政策评估[J].财经问题研究,2017(2):35-42.

[98] 罗朴尚,宋映泉,魏建国.中国现行高校学生资助政策评估[J].北京大学教育

评论, 2011, 09（1）: 68-79.

[99] 吕亮雯. 广东高新技术企业享受研发费用加计扣除政策的现状、存在问题及对策建议[J]. 特区经济, 2012（5）: 35-37.

[100] 吕燕. 科技创新政策评估研究综述[J]. 科技进步与对策, 2012, 29（19）: 156-160.

[101] 马江娜, 李华, 王方. 中国科技成果转化政策文本分析——基于政策工具和创新价值链双重视角[J]. 科技管理研究, 2017, 37（7）: 34-42.

[102] 迈克尔·豪利特, 拉米什, 豪利特, 等. 公共政策研究: 政策循环与政策子系统[M]. 三联书店, 2006.

[103] 梅姝娥, 仲伟俊. 我国高校科技成果转化障碍因素分析[J]. 科学学与科学技术管理, 2008, 29（3）: 22-27.

[104] 梅姝娥, 仲伟俊. 科技创新政策体系及其协调性[J]. 科技管理研究, 2016, 36（15）: 32-37.

[105] 穆荣平, 樊永刚, 文皓. 中国创新发展: 迈向世界科技强国之路[J]. 中国科学院院刊, 2017, 32（5）: 512-520.

[106] 穆荣平, 樊永刚. 国家自主创新能力建设若干问题的思考[R]. 2012高技术发展报告[M]. 北京: 科学出版社, 2012.

[107] 綦良群, 于渤. 高新技术产业政策评估指标体系设计[J]. 哈尔滨理工大学学报, 2010, 15（1）: 124-128.

[108] 强舸, 唐睿. 反事实分析与公共政策制定——以"自行车难题"为例[J]. 公共管理学报, 2012, 09（3）: 32-40.

[109] 秦兴俊, 胡宏伟. 医疗保险与老年人卫生服务利用的政策评估[J]. 广东财经大学学报, 2016, 31（1）: 105-112.

[110] 青平. 国外组织学习理论的新进展[J]. 经济师, 2003（5）: 75-76.

[111] 邱均平, 余以胜, 邹菲. 内容分析法的应用研究[J]. 情报杂志, 2005, 24（08）: 13-15.

[112] 曲婉, 冯海红, 侯沁江. 创新政策评估方法及应用研究: 以高新技术企业税收优惠政策为例[J]. 科研管理, 2017, V38（1）: 1-11.

[113] 冉乔艳. 论公共政策合法化的困境与路径——基于政策制定的视角[J]. 农村经济与科技, 2016, 27（14）: 28-29.

[114] 任锦鸾, 穆荣平, 周晓思. 创新政策研究支持系统构建[J]. 科学学与科学技术管理, 2006, 27（8）: 51-55.

[115] 邵国栋. 农民工养老保险政策评估与制度创新[J]. 江西财经大学学报, 2008（3）: 47-53.

[116] 宋海生. "限塑令"政策评估研究［D］. 复旦大学, 2009.

[117] 宋河发, 穆荣平, 任中保. 技术开发费150%税前加计扣除政策落实问题分析与对策研究［J］. 科学学研究, 2010, 27（1）: 1822-1828.

[118] 宋河发, 沙开清, 刘峰. 创新驱动发展与知识产权强国建设的知识产权政策体系研究［J］. 知识产权, 2016（2）: 93-98.

[119] 宋健峰, 袁汝华. 政策评估指标体系的构建［J］. 统计与决策, 2006（22）: 63-64.

[120] 宋雨. 企业研发投入的影响因素研究［D］. 山东大学, 2013.

[121] 苏靖. 关于国家创新系统的基本理论、知识流动和研究方法［J］. 中国软科学, 1999（1）: 59-61.

[122] 托马斯·戴伊. 理解公共政策（第十一版）［M］. 北京大学出版社, 2006.

[123] 万伦来, 万小雨, 汪琴. 基于PSM方法的民营企业权力变更R&D效应研究——来自中国上市民营企业的经验数据［J］. 运筹与管理, 2017（11）: 176-181.

[124] 王春元. 税收优惠刺激了企业R&D投资吗？［J］. 科学学研究, 2017, 35（2）: 255-263.

[125] 王利辉, 刘志红. 上海自贸区对地区经济的影响效应研究——基于"反事实"思维视角［J］. 国际贸易问题, 2017（2）: 3-15.

[126] 王胜光, 郭雯, 温珂. 创新发展政策学导论［M］. 科学出版社, 2016.

[127] 王薇, 刘云. 基于内容分析法的我国新能源汽车产业发展政策分析［J］. 科研管理, 2017（s1）: 581-591.

[128] 王雪梅, 雷家骕. 政策评估模式的选择标准与现存问题述评［J］. 科学学研究, 2008, 26（5）: 1000-1005.

[129] 王永杰, 张善从. 2009—2016: 中国科技成果转化政策文本的定量分析［J］. 科技管理研究, 2018（2）: 39-48.

[130] 王再进, 方衍, 田德录. 国家中长期科技规划纲要配套政策评估指标体系研究［J］. 中国科技论坛, 2011（9）: 5-10.

[131] 王志坚. 企业技术创新中政府作用的理论与实证研究［D］. 浙江大学, 2002.

[132] 威廉·邓恩. 公共政策分析导论［M］. 中国人民大学出版社, 2010.

[133] 吴建南, 李怀祖. 我国改革开放以来技术创新政策回顾及建议——纪念党的十一届三中全会召开20周年［J］. 科技进步与对策, 1998（6）: 1-3.

[134] 武超. 我国高新技术产业创业政策评估［D］. 西南交通大学, 2007.

[135] 徐大可, 陈劲. 创新政策设计的理念和框架［J］. 国家行政学院学报, 2004（4）: 26-29.

[136] 徐翔, 聂鸣. 我国科技创新政策研究综述［J］. 科技进步与对策, 2005（11）:

178-180.

[137] 徐晓阳,李晓轩.成果权属事关科技成果的产出和转化——我国财政资助科技成果权属政策的演进与局限[J].中国科学院院刊,2014(5):558-563.

[138] 许天启,董志勇.政策不确定性对企业投资的抑制作用——基于PSM-DID方法的实证研究[J].中央财经大学学报,2016(12):65-75.

[139] 薛澜,柳卸林,穆荣平.OECD中国创新政策研究报告[M].科学出版社,2011.

[140] 贠杰,杨诚虎.公共政策评估:理论与方法[M],中国社会科学出版社,2006.

[141] 詹·法格伯格,戴维·莫利,理查德·纳尔逊.牛津创新手册[M].知识产权出版社,2009.

[142] 詹姆斯·威尔逊.美国官僚政治[M].中国社会科学出版社,1995.

[143] 张金马.政策科学导论[M].中国人民大学出版社,1992.

[144] 张克.全面创新改革的中国模式:政策试验与推广[J].华东科技,2015(12):18-18.

[145] 张永安,闫瑾.基于文本挖掘的科技成果转化政策内部结构关系与宏观布局研究[J].情报杂志,2016,35(2):44-49.

[146] 赵莉晓.创新政策评估理论方法研究——基于公共政策评估逻辑框架的视角[J].科学学研究,2014,32(2):195-202.

[147] 赵彤,范金,周应恒.长三角地区企业研发费用加计扣除政策实施效果评价与对策建议[J].中国科技论坛,2011(6):68-73.

[148] 赵筱媛,苏竣.基于政策工具的公共科技政策分析框架研究[J].科学学研究,2007,25(1):52-56.

[149] 郑方辉,毕紫薇.第三方绩效评价与服务型政府建设[J].华南理工大学学报(社会科学版),2009,11(4):33-38.

[150] 周弘.消费者金融教育与家庭养老保障选择的多元化——基于PSM的实证分析[J].北京邮电大学学报(社会科学版),2015,17(5):68-75.

[151] 熊彼特.经济发展理论[M].中国社会科学出版社,2009.

[152] 中国科学院创新发展研究中心.2009中国创新发展报告[M].科学出版社,2009.

附录一　访谈提纲

	关于OECD对中国创新政策调查有关情况的访谈提纲
访谈背景	本人正在撰写关于创新发展政策的评估的方法体系构建的博士论文，其中重点包括对评估目的、评估标准、评估方法和政策类型的研究。访谈的这一部分是关于OECD 2007年对中国创新政策体系的评估，作为国家层面创新政策体系评估的典型案例，我们想从评估方法体系（方法论）构建的角度更深一步地了解OECD在中国国家创新政策体系评估中的做法。
访谈内容	1. 讨论OECD关于中国创新政策体系评估的组织设计； 2. OECD调查组的评估方法体系与报告中方法流程图的解读； 3. 被访谈者根据其所负责部分的具体情况，谈一谈本部分所用的评估标准和评估方法
访谈对象	柳卸林教授（负责OECD报告中的政策与制度分析模块、综合报告以及中国企业的创新与研发能力分章报告）
访谈时间	2018年3月20日星期二下午
访谈纪要	具体问题： 问题一：据我了解，您负责综合报告的政策与制度分析模块，也是全部研究最重要的部分，您能详细地讲一下您这部分研究是怎样设计和组织的吗？ 答：OECD在与中国科技部国际合作司合作以前，已经做过很多国家的创新体系的评估。工作由几位专家组成核心工作组，从创新体系角度出发做评估研究。报告首先从专题分析出发，以制度分析、创新主体分析以及主体之间的互动为主要内容，最后与OECD合作做综合报告。 从工作的方式方法来看，每一个模块都是中外专家合作完成。整个报告有OECD的价值标准在里面，是以西方人对创新体系的评估为视角。如果仅仅是中方人员做这个评估报告，那么思路和方法会不一样。评估目的在于评估中国创新体系的不足在哪里。从政策建议里可以看出来，是西方学者非常认可的价值观和标准体系，比如更强调市场机制、竞争。 当然，西方学者也带来了一些先进的政策经验和建议，如促进创新的政府采购政策等。但是采购政策在我们和西方学者看来有不同的评估标准。西方学者更加强调中外资企业享受同等的待遇，注重公平，而国内学者更加强调政府采购对国内弱势产业的扶持和保护。评估主体的价值观与价值体系决定了评估标准。

续表

访谈纪要	问题二：我们知道，一般的评估研究包含文献研究、实地调查、座谈等方法，您在撰写您负责的这部分报告时采用了哪些方法？ 答：方法包括与企业的座谈会、文献研究、交流会、企业的实地调研，需要大量运用定性和定量相结合的方法。 问题三：评估目的和评估标准在评估中均起到了很重要的作用，您在撰写综合报告和专题报告时的评估目的是什么，评估标准又是什么呢？ 答：以企业为中心的国家创新体系为标准。不同的评估标准在现状分析、角度、思路和方法等方面，不同的人做评估都不同。要从国家创新体系的视角看企业的创新活动状况、薄弱环节、外部联系等情况。评估企业的创新能力和外部联系的能力，要看制度框架和环境是怎样推动企业创新的，我国在这些问题上存在不足。 评估的功能：1.衡量政策本身是否达到了政策的目标。2.政策过程中哪里出现了问题，执行哪里出现了问题。3.政策都有缺陷，不会让所有人都满意。政策客体不同，效果不同。4.政策是否需要再继续执行？ 评估标准通常取决于社会的主流标准和价值观。可能国内现在相比文化、环境，更在意经济的发展，而标准随着时代的变化也不会一样，评估的标准设置权重是政策决策者决定的。 问题四：您觉得OECD这样的国家政策体系评估和单一政策评估，或者国家的五年规划相比，评估目的的区别在哪里？评估标准的区别又在哪里？ 答：视角不同，考虑问题不同。政策组合以及国家政策体系评估都更加复杂。国家层面需要系统的评估体系，对制度框架进行评估。需要系统地设计和方法论构建。单一政策的评估直接与目标挂钩，以及目标完成法的评估模式。 问题五：您觉得"管理结构、框架政策、政策工具以及绩效"这四个方面能否构成国家创新政策体系评估的一般框架？ 答：可以。 问题六：您认为是否有必要建立一个国家层面的创新体系评估的常态化的制度安排？周期多久？ 答：这个是很好的一件事，但是不能一年一次，几年一次会比较好。

	关于 OECD 对中国创新政策调查有关情况的访谈提纲
访谈背景	本人正在撰写关于创新发展政策的评估方法体系构建的博士论文，其中重点包括对评估目的、评估标准、评估方法和政策类型的研究。访谈的这一部分是关于 OECD 2007 年对中国创新政策体系的评估，作为国家层面创新政策体系评估的典型案例，我们想从评估方法体系（方法论）构建的角度更深一步地了解 OECD 在中国国家创新政策体系评估中的做法。
访谈内容	讨论 OECD 创新研究报告的来龙去脉； OECD 研究报告的政策建议如何反映到高层，是否有相应的措施对应该政策建议？ OECD 的评估报告与国内学者自己做的评估有什么区别？是否还会再继续做国家层面的创新政策评估？内外部专家如何选取？
访谈对象	科技部某司副司长
访谈时间	2018 年 3 月 28 日上午 9 点半
访谈纪要	问题一：我们出于什么样的目的进行了一次这样的国家创新体系评估？ 答：政策体制改革司承担这项任务。2001 年 4 月份中国参加 OECD 科技政策委员会，作为观察员，学习借鉴了 OECD 在科技政策制定、实践方面的经验。2004 年 5 月份，科技部与 OECD 举办了研讨会，科技部主动和 OECD 提出来联合研究，主要集中在国家创新体系和政策。OECD 在成员国内部正在做创新体系的评估。这是 OECD 与非成员国第一次进行的合作。当时的中国关注自主创新的国家战略的政策设计应该是怎样的，以及应该如何完善中国的创新体系？ 当时 OECD 在成员国内部已经开始了"公共 R&D 的社会经济影响评估""创新指标体系研究与创新政策的评估"的实践。中国当时没有公认的评估体系，想了解架构和指标都是怎样的？ 我们国家的政治体制和社会制度与 OECD 国家不同。OECD 不接纳我们的原因是我们不是市场经济国家，他们认为政府对于经济的干预应该是很小的。联合研究的政策建议主要集中在削弱政府对经济的干预，在政策制定中应更加关注于市场失灵的部分。但一些政策建议，我们是吸纳的，例如：创新应该是开放的。例如 2006 年自主创新的概念已经不经常被提起了，而是更加强调开放创新。报告结束后的 10 年内，我们受到了 OECD 的很多影响。又如，平衡政府的作用。政府的资金应该同时支持公共部门和企业的创新。还如，科技部的政策制定和项目管理的职能也在转变。从具体的项目管理到服务于全社会的创新改变。我们现在的改革也逐渐向这个方向转变。这次合作重点在于开阔自己的视野和方法论的借鉴。 问题二：您如何看待 OECD 报告最后提出的政策建议？这些建议有没有或如何提交政策决策层？有没有效果？国家是否重视？有没有出台相应的政策？什么样的情况下会被采纳并出台相应政策？

续表

访谈纪要	答：我们对OECD的政策建议做了原汁原味的向上报告，但出于当时的情况，采纳率较低。但是OECD的建议开阔了思路，并为今后政策制定的参考。这些建议转化成实际政策的过程存在不同程度的长或者短，建议通常是起到了渗透的作用，主要是开阔了政策制定者的思路。对于西方国家提出的政策建议，我们国家在接受上还没有达到一定的阶段。当经济社会发展到一定程度的时候，很多建议也就自然而然接受了。所以说，意见不是提了就可以的，存在政策决策者的接受程度。 问题三：我们所进行的评估，最终的评估结论和政策建议都是怎样处理的？一般的流程是什么？ 答：流程是存在的，专家的建议更能够影响决策层。 问题四：如何看待评估的功能？都有哪几种？ 答：评估的作用，一方面可以开阔思路。总结也是评估，能够为调整和改进提供决策依据。科技部甚至对具体的项目也进行评估，事前的可行性评估，例如怎么样发挥市场机制在"一带一路"国家的作用等等。 问题五：国家创新政策体系的评估是否有必要？有没有需求？ 有必要。中外专家联合进行评估比较好。外国专家更加具有国际视野，方法论和经验都比较丰富。而国内的专家更了解中国的国情。国际形势的变化对科技创新的要求更高，更需要对国家创新政策体系进行评估。

附录二 安徽省出台成果转化政策（2016—2017年）

层级一	层级二	层级三	政策编号
成果转化服务	建设成果转化服务平台	建立完善技术转移机构。支持各地和有关机构建立完善区域性、行业性技术市场，形成不同层级、不同领域技术交易有机衔接的新格局。支持企业、高校、科研院所建设一批运营机制灵活、专业人才集聚、服务能力突出、具有较大影响力的技术转移机构，鼓励省外高校、科研院所等在我省设立专业化的技术转移机构，打造连接国内外技术、资本、人才等创新资源的技术转移网络。支持中国科学技术大学、中国科学院合肥技术创新工程院等建设示范性国家技术转移机构，推动省级技术转移机构规范化发展。开展技术转移机构绩效评价，择优给予适当经费补助	皖政办〔2016〕40号
		建设安徽省网上技术市场平台。以"互联网+"科技成果转移转化为核心，以需求为导向，连接技术转移服务机构、投融资机构、高校、科研院所和企业等，集聚成果、资金、人才、服务、政策等各类创新要素，打造线上与线下相结合的安徽省网上技术市场平台。平台依托专业机构开展市场化运作，坚持开放共享的运营理念，支持各类服务机构提供信息发布、融资并购、公开挂牌、竞价拍卖、咨询辅导等专业化服务，鼓励企业、科技中介机构等通过平台发布相关技术需求信息，形成主体活跃、要素齐备、机制灵活的创新服务网络	皖政办〔2016〕40号
		支持安徽联合技术产权交易所、安徽省产权交易中心、安徽长江产权交易所等打造线上与线下相结合的技术市场平台。支持各市和有关机构建立完善区域性、行业性技术市场	
		推进科技成果评价试点。鼓励有条件的技术转移机构、科技学会协会等，探索开展市场导向的应用技术成果和软科学研究成果评价试点，对科技成果的科学性、创造性、先进性、可行性和应用前景等开展评价，为发现科技成果价值、交易估值、作价入股和质押融资等提供辅助决策和参考依据	皖政办〔2016〕40号

续表

层级一	层级二	层级三	政策编号
成果转化服务	建设成果转化服务平台	建设科技成果中试熟化载体。鼓励各地围绕省战略性新兴产业集聚发展基地建设和区域特色产业发展、中小企业技术创新需求，建设一批投资多元化、运行市场化、管理现代化，创新创业与孵化育成相结合，产学研用紧密结合的科技成果中试熟化载体和新型研发机构。重点推进中国科学技术大学先进技术研究院、合肥工业大学智能制造技术研究院等新型研发机构建设。对属于省重点扶持的新型研发机构，择优给予适当经费补助	皖政办〔2016〕40号
		建设科技成果产业化基地。依托合芜蚌国家自主创新示范区、省战略性新兴产业集聚发展基地、高新区、农业科技开发园区、可持续发展实验区、大学科技园等创新资源集聚区域以及高校、科研院所、行业骨干企业等，建设一批科技成果产业化基地，引导科技成果对接特色产业需求转移转化，培育新的经济增长点	皖政办〔2016〕40号
		建设科技成果转移转化示范区。依托合芜蚌国家自主创新示范区，积极申报建设国家科技成果转移转化试验示范区，跨区域整合成果、人才、资本、平台、服务等创新资源，推动一批符合产业转型发展需求的重大科技成果在示范区转化与推广应用，在科技成果转移转化服务、金融、人才、政策等方面，探索形成一批可复制、可推广的工作经验与模式	皖政办〔2016〕40号
		建设一批集技术研发、项目中试、成果转化、孵化投资、创业服务、人才培养等功能于一体，独立核算、自主经营、独立法人的新型研发机构	皖政办〔2017〕76号
		加强对省级重点（工程）实验室、工程（技术）研究中心、工业设计中心等创新平台的考核评估。支持行业骨干企业、高校院所、新型研发机构等牵头组建产业技术创新战略联盟。围绕新兴产业领域建设一批跨地域、跨领域、服务行业的制造业创新中心	皖政〔2017〕76号
		省级层面与国内外知名高校院所建立长期稳定的战略合作关系，在创新平台建设、产业技术研发、科技成果转化、创新人才培养等方面加强合作交流	皖政〔2017〕76号
		支持企业、高校院所建设一批技术转移机构，鼓励省外高校院所在我省设立专业化的技术转移机构	皖政〔2017〕76号

续表

层级一	层级二	层级三	政策编号
成果转化服务	人才支撑队伍建设	开展技术转移人才培养。依托合芜蚌人才特区和国家技术转移示范机构，加快培养科技成果转移转化领军人才，推动建设专业化技术经纪人队伍。鼓励高校、科研院所、企业中符合条件的科技人员从事技术转移工作	皖政办〔2016〕40号
		组织科技人员开展科技成果转移转化。实施科技专家服务基层行动计划、科技特派员制度等，动员高校、科研院所、企业的科技人员，深入企业、园区、农村等基层一线开展技术咨询、技术诊断、技术服务、科技攻关、成果推广等科技成果转移转化活动，打造一支面向基层的科技成果转移转化人才队伍	皖政办〔2016〕40号
		强化科技成果转移转化人才服务。构建"互联网+"创新创业人才服务平台，提供科技咨询、人才计划、科技人才活动、教育培训等公共服务，实现人才与人才、人才与企业、人才与资本之间的互动和跨界协作。围绕支撑战略性新兴产业发展，引进培育一批科技领军人才，支持有条件的企业设立院士（专家）工作站、博士后工作站，为高层次人才与企业、地方对接搭建平台。对高层次科技人才团队在省内转化科技成果并实现产业化的，省市择优分别给予资金投入参股扶持	皖政办〔2016〕40号
		开展技术转移机构绩效评价，择优给予适当经费补助，推动建设专业化技术经纪人队伍，加快培养科技成果转移转化领军人才	皖政〔2017〕76号
	科技成果信息共享与发布体系建设	建立安徽省科技成果信息系统。构建省级科技成果数据库和数据服务平台，加强与国家科技成果信息系统的交互对接，在不泄露国家秘密和商业秘密的前提下，向社会公布科技成果和相关知识产权信息，提供科技成果信息查询、筛选等公益服务。加强科技成果数据资源开发利用，积极开展科技成果信息增值服务	皖政办〔2016〕40号
		完善科技成果信息登记制度。建立科技成果在线登记系统，畅通科技成果信息收集渠道。财政资金支持的科技项目在立项时，应约定科技成果登记事项。财政资金支持的科技项目形成的科技成果，在结题验收后1个月内，应在省科技成果信息系统进行登记。非财政资金资助的科技成果按照自愿原则和相关要求进行登记	皖政办〔2016〕40号
		构建省级科技成果数据库和数据服务平台，建立财政资金支持的科技项目形成的科技成果登记制度，鼓励非财政资金资助形成的科技成果开展登记，向社会公布科技成果信息，提供科技成果查询、筛选等公益服务。鼓励高校院所、企业等通过省科技成果数据库和数据服务平台，发布科技成果和技术供需信息	

续表

层级一	层级二	层级三	政策编号
成果转化服务		推动先进适用科技成果信息发布。鼓励企业、高校和科研院所通过省科技成果信息系统及行业、区域信息系统，发布符合产业转型升级方向的科技成果和科技成果包。支持通过国防科技工业成果信息与推广转化平台，发布军用技术转民用推广目录、"民参军"技术与产品推荐目录、国防科技工业知识产权转化目录	皖政办〔2016〕40号
	金融支持	积极争取申报国家科技成果转化引导基金等，鼓励各地和社会设立天使投资、创业投资引导、科技成果转化等专项资金（基金）。支持符合条件的创新创业企业通过发行债券、资产证券化等方式进行融资，加速科技成果转化。支持银行探索股权投资与信贷投放相结合的模式，为科技成果转移转化提供组合金融服务	皖政办〔2016〕40号
成果转化管理	成果转化收益分配管理	政府设立的高校、科研院所对其持有的科技成果，可以自主决定转让、许可或者作价投资，除涉及国家秘密、国家安全外，不需要审批或备案。转移转化所得收入全部留归单位，纳入单位预算，不上缴国库，扣除对完成和转化职务科技成果作出重要贡献人员的奖励和报酬后，其余应主要用于科技研发与成果转化等相关工作，保障技术转移机构的运行和发展	皖政办〔2017〕77号
		政府设立的高校、科研院所要依法制定和公开转化科技成果收益分配制度，按照规定或与科技人员的约定，对完成、转化职务科技成果作出重要贡献的人员给予奖励。未规定也未约定的，可按如下标准执行：以技术转让或者许可方式转化的，从取得的净收入中提取不低于70%的比例；以科技成果作价投资实施转化的，从取得的股份或者出资比例中提取不低于70%的比例；在研究开发和科技成果转化中作出主要贡献的人员，获得奖励的份额不低于奖励总额的70%。其中合肥综合性国家科学中心科技成果转化收益用于奖励重要贡献人员和团队的比例首期可达90%。职务成果转化奖励和报酬的支出，计入单位当年工资总额，不受当年工资和绩效工资总额限制，不纳入工资总额基数	皖政办〔2017〕77号
		对科研团队的科技成果转化收益，团队负责人有内部收益分配权。职务发明获得知识产权后，1年内无正当理由未能运用实施的，发明人在不改变权属的前提下，可与单位约定自行运用实施、享有转化收益	皖政办〔2017〕77号
		对于担任领导职务的科技人员获得科技成果转化奖励，按照分类管理的原则执行：担任政府设立的高校、科研院所等事业单位（不含内设机构）及所属具有独立法人资格单位正职领导的，可按规定获得现金奖励，原则上不得获取股权激励；在担任现职前所获股权，任职后应及时转让，逾期未转让的，任期内限制交易，股权交易限制在本人不担任上述职务1年后解除。其他担任领导职务的科技人员，可按规定获得现金、股份或者出资比例等奖励和报酬。对担任领导职务的科技人员的科技成果转化收益分配实行公开公示和报告制度	皖政办〔2017〕77号

续表

层级一	层级二	层级三	政策编号
成果转化管理	成果转化收益分配管理	以科技成果作价入股作为对科技人员的奖励涉及股权注册登记及变更的,无须报高校、科研院所的主管部门审批	皖政〔2017〕76号
		科技成果转化收益用于奖励科研人员和团队的比例不低于70%	皖政〔2017〕76号
		对用于科技成果转化奖励与分配,计入当年单位工资总额,不作为单位工资总额基数,不纳入单位绩效工资总额	皖政〔2017〕76号
		对实质参与研发活动的高校院所领导干部,可按实际贡献依法依规享受成果转化收益。高校院所自主规范管理非财政资金的科研项目经费	厅〔2017〕48号
		积极探索通过市场配置资源加快科技成果转化、实现知识价值的有效方式。财政资助科研项目所产生的科技成果在实施转化时,应明确项目承担单位和完成人之间的收益分配比例。对于接受企业、其他社会组织委托的横向委托项目,允许项目承担单位和科研人员通过合同约定知识产权使用权和转化收益,探索赋予科研人员科技成果所有权或长期使用权。加大对作出突出贡献科研人员和创新团队的奖励力度,提高科研人员科技成果收益分享比例,落实逐步提高稿费和版税等付酬标准政策,增加科研人员的成果性收入	厅〔2017〕48号
		经所在单位批准,科研人员可以离岗从事科技成果转化等创新创业活动。兼职或离岗创业收入不受本单位绩效工资总量限制,个人须如实将兼职收入报单位备案,按有关规定缴纳个人所得税	厅〔2017〕48号
		高校、科研机构应建立健全科技成果转化内部管理与奖励制度,自主决定科技成果转化收益分配和奖励方案,单位负责人和相关责任人按照《中华人民共和国促进科技成果转化法》及《实施〈中华人民共和国促进科技成果转化法〉若干规定》予以免责,构建对科技人员的股权激励等中长期激励机制。对完成、转化职务科技成果作出重要贡献的人员给予奖励和报酬,单位未规定也未与科技人员约定的,可以按照科技成果转化收益用于奖励作出重要贡献人员和团队的比例不低于70%标准执行。科技成果转化的奖励和报酬的支出,计入单位当年工资总额,但不受单位当年工资总额限制,不纳入单位工资总额基数。以科技成果作价入股作为对科技人员的奖励涉及股权注册登记及变更的,无须高校、科研机构的主管部门审批	厅〔2017〕48号

续表

层级一	层级二	层级三	政策编号
成果转化管理	成果转化收益分配管理	对于担任领导职务的科技人员获得科技成果转化奖励，按照分类管理的原则执行。担任高校、科研机构等事业单位（不含内设机构）及其所属具有独立法人资格单位正职领导，是科技成果的主要完成人或者对科技成果转化作出重要贡献的，可以按照相关规定获得现金奖励，原则上不得获取股权激励；在担任现职前因科技成果转化获得的股权，任职后应及时予以转让，逾期未转让的，任期内限制交易。限制股权交易的，在本人不担任上述职务一年后解除限制。其他担任领导职务的科技人员，是科技成果的主要完成人或者对科技成果转化作出重要贡献的，可以按照相关规定获得现金、股份或者出资比例等奖励和报酬。对担任领导职务的科技人员的科技成果转化收益分配实行公开公示和报告制度，不得利用职权侵占他人科技成果转化收益	厅〔2017〕48号
		高校职务科技成果转化收益用于奖励科研负责人、骨干技术人员等重要贡献人员和团队的比例不低于50%，具体比例由各高校自行确定。高校依照《中华人民共和国促进科技成果转化法》和国务院印发的《实施〈中华人民共和国促进科技成果转化法〉若干规定》以及我省有关文件的规定，对完成、转化职务科技成果作出重要贡献的人员给予奖励和报酬的支出计入当年本单位工资总额，但不受当年本单位工资总额限制，不纳入本单位工资总额基数	皖教科〔2016〕3号
		高校要对担任领导职务的科技人员的科技成果转化收益分配实行公开公示制度。高校担任正校级领导，以及所属具有独立法人资格单位的正职领导，是科技成果的主要完成人或者对科技成果转化作出重要贡献的，可以按规定获得现金奖励，原则上不得获取股权激励。其他担任领导职务的科技人员，是科技成果的主要完成人或者对科技成果转化作出重要贡献的，可以按规定获得现金、股份或者出资比例等奖励和报酬。对领导干部违规获取科研成果转化相关权益的行为，按有关规定严肃处理	皖教科〔2016〕3号
	成果转化三权分配*	鼓励高校、科研院所和科技人员开展横向技术合作、实施科技成果转化。允许横向委托项目承担单位和科技人员通过合同约定成果使用权和转化收益，探索赋予科技人员成果所有权或长期使用权。所获非财政科研经费，不受使用范围和比例的限制，纳入单位财务统一管理，按委托要求、合同约定或单位内部管理制度规范管理使用，其中人员经费合同没有约定的，由单位自主决定。对承担横向项目与政府科技计划项目，在业绩考核中同等对待	皖政办〔2017〕77号
		将符合条件的科技成果"三权"全部下放给项目承担单位。允许项目承担单位通过协议定价、技术市场挂牌交易、拍卖等方式确定科技成果价格	皖政〔2017〕76号

续表

层级一	层级二	层级三	政策编号
成果转化管理	成果转化所得税管理	科研院所转化科技成果，以股份或者出资比例等股权形式给予科技人员个人奖励的，可分别按照国家有关规定在5年内分期缴纳个人所得税，或待分红、转让时一并缴纳个人所得税	皖政办〔2017〕77号
		对技术成果投资入股实施选择性税收优惠政策。企业或个人以技术成果投资入股到境内居民企业，被投资企业支付的对价全部为股票（权）的，企业和个人可选择继续按现行有关税收政策执行，也可选择适用递延纳税优惠政策。选择技术成果投资入股递延纳税政策的，经向主管税务机关备案，投资入股当期可暂不纳税，允许递延至转让股权时，按股权转让收入减去技术成果原值和合理税费后的差额计算所得税	皖政办〔2017〕77号
		科技人员在转让奖励的股权之前，企业依法宣告破产，科技人员进行相关权益处置后没有取得收益或资产，或取得的收益和资产不足以缴纳其取得股权尚未缴纳的应纳税款的部分，税务机关可不予追征	皖政办〔2017〕77号
		对符合条件的股票期权、股权期权、限制性股票、股权奖励以及科技成果投资入股等落实递延纳税优惠政策，可递延至转让该股权时缴纳，并适用"财产转让所得"税目，按20%的税率计算缴纳个人所得税，鼓励科研人员创新创业，进一步促进科技成果转化	厅〔2017〕48号
		科研机构、高等学校转化科技成果，以股份或者出资比例等股权形式给予科研人员个人奖励的，暂不征收个人所得税，待取得分红或者转让股权、出资比例时，再按规定缴纳个人所得税。非上市公司授予本公司员工的股票期权、股权期权、限制性股票和股权奖励，符合规定条件的，经向主管税务机关备案，可实行递延纳税政策，即员工在取得股权激励时可暂不纳税，递延至转让该股权时纳税；股权转让时，适用"财产转让所得"项目，以股权转让收入减除股权取得成本以及合理税费后的差额，按20%的税率计算缴纳个人所得税	
	成果转化制度管理	政府设立的高校、科研院所应建立健全科技成果转移转化工作体系和机制，明确相关管理机构和职能，建立完善转移转化重大事项领导班子集体决策制度，符合转移转化特点的岗位管理、考核评价和奖励制度	皖政办〔2017〕77号
		政府设立的高校、科研院所应于每年3月30日前向其主管部门报送上一年度科技成果转化情况的报告，主管部门审核后形成部门科技成果转化总结报告，于每年4月30日前报送至科技、财政行政主管部门。年度报告内容主要包括：成果转化方面开展的工作、取得的总体成效、主要经验和面临的问题；依法取得科技成果的数量、类型等情况；科技成果以转让、许可和作价投资方式实施转化情况；推进产学研合作实施科技成果转化情况；科技成果转化绩效和奖惩情况等	皖政办〔2017〕77号

续表

层级一	层级二	层级三	政策编号
成果转化管理		政府设立的高校、科研院所的主管部门以及财政、科技等相关部门，在对高校、科研院所及下属单位进行绩效考评时将成果转化情况作为评价指标之一	皖政办〔2017〕77号
	成果转化定价机制	政府设立的高校、科研院所处置科技成果遵从市场定价机制，一般应通过协议定价、挂牌交易、拍卖等市场化方式确定价格。实行协议定价的，应当在本单位公示成果名称、拟交易价格，公示时间不少于15日。对科技成果的使用、处置在单位内实行公示制度，同时明确并公开异议处理程序和办法	皖政办〔2017〕77号
	补贴与奖励	对科技人员在科技成果转化工作中开展技术开发、技术咨询、技术服务等活动的奖励，可按照促进科技成果转化法和本细则执行	皖政办〔2017〕77号
		加大对科技成果转化绩效突出的高校、科研院所及人员的支持力度。省内高校、科研院所实施在皖转移转化科技成果和在皖企业购买省外先进技术成果并在皖转化、产业化的，省按规定分别给予一次性奖励。高校、科研院所与企业联合成立的股份制科技型企业，省按规定依据股权占比和绩效情况给予一次性奖励。设立省科技成果转化基金，鼓励有条件的国家级开发区设立天使基金，吸收社会资金入股，重点投向产学研合作企业和科技成果转化	皖政办〔2017〕77号
		对获得国家自然科学、技术发明、科学技术进步一、二等奖项目的第一完成单位，省按规定分别给予一次性奖励，奖励资金70%用于科技研发和成果转化，30%奖励项目主要完成人（研究团队）。对获得国家科技进步特等奖的项目采取"一事一议"方式给予奖励。对企业和高校、科研院所转化科技成果获国家、省审定的动植物新品种（配套系），省按规定依据绩效给予一次性奖励	皖政办〔2017〕77号
		支持各地建设技术转移服务机构，省按规定依据绩效给予奖励	皖政办〔2017〕77号
		鼓励创新团队以成果技术入股等形式设立公司，对本省拥有或引进的重大产业科技成果、重大颠覆性技术成果、重大产业瓶颈突破性成果等进行转化。省和所在市（县）依据科技成果转化绩效，吸引人才、技术、项目和创新等，通过各类创新专项资金择优给予无偿拨款、股权投入、奖励补助等经费扶持	
		坚持长期产权激励与现金奖励并举，探索对科研人员实施股权、期权和分红激励，加大在专利权、著作权、植物新品种权、集成电路布图设计专有权等知识产权及科技成果转化形成的股权、岗位分红权等方面的激励力度	厅〔2017〕48号

续表

层级一	层级二	层级三	政策编号
成果转化管理	人事管理	政府设立的高校、科研院所应建立完善鼓励、规范科技人员兼职或离岗创业、创办企业等管理制度。高校、科研院所科技人员经单位同意可兼职从事科技成果转化，或在3年内保留人事关系离岗创业获得合法收入。高校、科研院所应当规定或与科技人员约定兼职的权利和义务，实行兼职公示制度和获得股权及红利等收入的报告制度。离岗创业人员按照规定享受档案工资继续调整、专业技术职称评审和岗位等级晋升等权利，所承担的省级以及以上科技计划和基金项目原则上不得中止；在与原单位保留人事关系期间，可按规定缴纳社会保险费和职业年金，连续计算工龄。兼职取得的报酬原则上归个人，兼职或离岗创业收入不受本单位绩效工资总量限制	皖政办〔2017〕77号
		高校院所等事业单位专业技术人员离岗创新创业，可在3年内保留人事关系	厅〔2017〕48号
		经所在单位批准，科研人员可以离岗从事科技成果转化等创新创业活动。兼职或离岗创业收入不受本单位绩效工资总量限制，个人须如实将兼职收入报单位备案，按有关规定缴个人所得税	厅〔2017〕48号
	成果转化合作机制*	支持高校按照"风险共担、收益共享"的原则，扶持高校科研人员对科研成果进行后续试验、开发、应用、推广直至形成新技术、新工艺、新材料、新产品，发展新产业等活动	
		对高校申请应用与转化类省级科研项目、团队和创新平台，在申报组织、评审遴选和结项验收等关键环节，引入创新需求方和成果使用方广泛参与。优先推荐符合地方需求，且与政府或企事业单位签订创新成果约定购买合同，或形成其他具有法律效力的需求约定的高校科研项目，申请省促进科技成果转化技术合同补助兑现或省级科技计划项目支持。对于产学研用深度融合的高校科研创新平台、研发机构和新型智库，经省教育部门会同相关部门认定，在各部门相关政策和资金安排中予以积极支持	皖教科〔2016〕3号
		引导高校院所联合地方共建创新平台，在技术研发阶段瞄准市场和产业创新方向，提高成果转化效率。例如，合肥工业大学依托驻地市的创新平台分中心，探索建立了有企业提出技术需求、政府提供资金支持、高校进行技术攻关的成果转化"天长模式"	省全面创新改革试验办汇报材料

续表

层级一	层级二	层级三	政策编号
成果转化管理	免责条款	科技成果通过挂牌交易、拍卖等方式确定价格的，或通过协议定价并公示的，单位领导及相关人员在履行勤勉尽责义务、未牟取非法利益的前提下，免除其在成果定价中因成果转化后续价值变化产生的决策责任。以投资方式实施成果转化的，对已履行勤勉尽责义务，但发生损失的情况，不纳入高校、科研院所和国有企业资产增值保值考核范围。有关部门要完善相关制度，聚焦制约科技成果转化的权益与激励、转化便利性等核心问题，从根本上解决影响科技成果转化的制度障碍。着力完善促进科技成果转化的市场环境、政策环境、服务环境、法治环境，构建有别于行政管理、体现鼓励创新、宽容失败的监管制度体系，按照"三个区分开来"要求，客观审慎处理相关问题，最大限度调动科技人才创新积极性，大力营造勇于创新的社会氛围	皖政办〔2017〕77号

后　记

本书的写作思路来源于我博士期间研究科技创新工作的思考。一直以来，我国科技创新领域的政策层出不穷，政策初衷都是好的，但是政策的执行落地总存在各种各样的问题，很多政策效果也不尽如人意，大量政策的出台伴随的往往是有限资源的分配和各部门人力、物力成本的消耗。因此，也是在这个过程中我逐渐意识到创新决策科学化发展的重要性，由此诞生了研究政策评估的想法。

本书内容实际写作完成于 2018 年底，是我四年博士生涯的研究成果。回想起博士求学的这段经历，不由得感慨，在我们漫长而又短暂的一生里，有这样一个四年我毫无杂念并全身心地投入一个对社会、国家有着重要意义的问题中，并为之探索，为之心动，这样一段时间何其宝贵。

人生至幸，得遇良师。我很幸运能够成为穆老师的学生，在创新发展领域能得到他的指导和教诲。他始终教导我们要实事求是、独立思考、自由探索。在政策研究过程中，我们在他的引导下时常能够领略到政策"弹钢琴"的艺术。治学以外，老师的胸怀和气度令我们钦佩不已，乘着他的思想之风，时常能体会到"一点浩然气，千里快哉风"的畅快。他对这个国家和民族的爱如春风化雨般影响着我们，让我们充满力量，每一步都走得更加踏实、自信。他既是我学术的导师，也是我人生的灯塔。

四年博士求学期间也很开心，有我可爱的同学和老师们的一路陪伴。他们在学习和生活上给予的帮助和关心让我感受到无尽的温暖。同时，感谢我的家人，他们给我生活带来了意想不到的快乐和喜悦！

2023 年 6 月